MANUEL DE
PARLER LIBANAIS

Antoine Fleyfel

MANUEL DE PARLER LIBANAIS

Deuxième édition

Du même auteur

Théologie

- *La théologie contextuelle arabe. Modèle libanais,* Paris, L'Harmattan, 2011.
- *La justification par la foi : horizons du dialogue luthéro-catholique*, Paris, éd. Saint Paul, 2012, (en arabe).

Géopolitique/histoire/essais

- *Géopolitique des chrétiens d'Orient,* Paris, L'Harmattan, 2013.
- *Les dieux criminels*, Paris, Cerf, 2017.

Langues

- *Manuel de parler libanais*, Paris, L'Harmattan, 1re éd. 2010, 2e éd. 2019.
- *Exercices de parler libanais,* Paris, L'Harmattan, 2011.
- *Conjugaisons de parler libanais,* Paris, L'Harmattan, 2011.
- *Lexique libanais de poche*, Paris, L'Harmattan, 2019.

5-7, rue de l'Ecole-Polytechnique, 75005 Paris

http://www.editions-harmattan.fr

ISBN : 978-2-343-18460-9
EAN : 9782343184609

À celle qui a nourri mon
cœur d'un amour indéfectible,
À ma mère, Marcelle…

Préambule

Ce travail est le fruit de plusieurs années d'enseignement du dialecte libanais : au Foyer franco-libanais à Paris de 2004 à 2011, et à l'Institut de recherche et d'études Méditerranée Moyen-Orient (iReMMO), de 2011 jusqu'à aujourd'hui. Ceci en est la deuxième édition, revue et augmentée.

Le parler libanais – un accent du dialecte arabe moderne au Moyen-Orient – dépend essentiellement de la langue arabe, mais garde certaines traces de la langue syriaque, notamment aux endroits de la prononciation et du vocabulaire. Selon les différents endroits du Liban, les emprunts au français et à l'anglais sont fréquents. Cette méthode évite la ratatouille linguistique libanaise (hi, ki̲fak, ça va ?), et opte pour un vocabulaire libanais qui s'appuie essentiellement sur la langue arabe.

Ce manuel s'adresse à des Français(es) et à des francophones désirant étudier le dialecte libanais, dans le but de le parler et sans passer par l'apprentissage de la langue arabe, de son alphabet et d'une bonne partie de sa grammaire. C'est pour cette raison que je tente d'adapter, dans la mesure du possible, la grammaire libanaise à des schémas grammaticaux français et que j'utilise l'alphabet latin pour aller plus vite.

Il existe au Liban plusieurs accents. Étant obligé de faire un choix, c'est pour l'accent de la ville où j'ai presque toujours vécu au Liban que j'opte, celui de la belle Achrafieh (Beyrouth).

J'espère que ce livre fournira à celles et à ceux qui le travaillent des éléments de base pour leur apprentissage du parler libanais.

Je n'oublie pas le millier d'élèves que j'ai rencontrés durant ces treize dernières années. C'est surtout grâce à nos échanges que ce travail a vu le jour. Je tiens à leur dire que je chéris les moments agréables que nous avons passés ensemble durant les cours.

Et enfin, je pense au Foyer franco-libanais où j'ai commencé l'apprentissage du dialecte. Ma reconnaissance va aussi à l'iReMMO, pour leur confiance et leur collaboration au projet de la diffusion de l'arabe libanais.

Kéll ls<u>é</u>n bé éns<u>é</u>n !
(Chaque langue, un être humain ; dicton libanais).

Antoine Fleyfel
www.antoinefleyfel.com
www.parlerlibanais.fr
contact@antoinefleyfel.com

Avertissement

Le but de ce manuel est l'apprentissage du parler libanais. Ainsi, pour une compréhension plus claire de la structure des phrases et du vocabulaire, la traduction française des textes libanais essaie de traduire, dans la mesure du possible, dans une logique de « mot à mot » et non selon le sens général de la phrase. Si une telle méthode permet de comprendre davantage la structure du parler arabe libanais, elle a l'inconvénient de sacrifier l'élégance de la langue de Molière. Que soient excusées les tournures de phrases peu élégantes, l'utilisation des temps peu orthodoxe ainsi que les expressions bizarres ; c'est uniquement dans le but de rendre fidèlement compte du sens des mots et des tournures libanaises qu'il est opéré de la sorte.

Première leçon : Introduction

1. L'alphabet

Le parler libanais est un dialecte arabe qui n'est en général pas écrit. Cette méthode utilise l'alphabet latin afin de pouvoir prononcer le libanais.

- ***Nomenclature*** : le trait sous une voyelle « **é** » signifie sa prolongation (ce qui doublera le temps de sa prononciation). Le trait sous une consonne « **t** » signifie l'alourdissement de sa prononciation (elle sera dite emphatique). L'accent circonflexe sur une voyelle « **â** » rend sa prononciation plus grave (voyelle emphatique) ; cela se produit généralement lorsqu'une voyelle est suivie ou précédée d'une consonne emphatique. Un « **a** » emphatique devient un « **â** » ; un « **é** » emphatique se transforme souvent en « **ô** ». Exemples : « **té** » et « **tô** », « **da** » et « **dâ** ».

- ***Prononciation*** : si dans la description ci-dessous, il n'y a pas d'explication à côté d'une lettre, cela veut dire qu'elle se prononce comme en français.
A ; **B** ; **T** ; **J** ; **G** très rare en libanais, se prononce comme le « g » dans « ga », exemple : **énglisé** (anglais). Nous gardons le « g » sans trait pour quelques rares mots, soit par conformité avec le français comme pour « **garage** », soit parce que la terminaison vient du turc, comme : **khâdârgé** (primeur) ; **H** spirante laryngale sourde (comme dans le terme **hayét** : vie). Certains rendent compte de cette lettre par un « 7 » ; **Kh** comme le « J » de José en espagnol. Certains rendent compte de cette lettre par un « 5 » ; **D** ; **Z** ; **R** il faut les rouler en libanais sinon ils ressembleront à un « gh » ; **S** comme dans « sel », sinon, nous utilisons un « z » ; **Ch** ; **S** lettre alourdie (s emphatique) ; **D** lettre alourdie (d emphatique) ; **T** lettre alourdie (t emphatique) ; **3** nous utilisons un « 3 » parce qu'il ressemble à cette lettre en arabe. Spirante pharyngale sonore. Cette lettre se prononce comme si nous prononcions deux « a » de suite ; **Gh** se prononce comme les « r » en français ; **F** ; **K** ; **L** ; **M** ; **N** ; **H** comme dans le « h » de « hello » en anglais (toujours aspiré) ;

W ; **Y** comme dans yoyo ; **É** ; **I** ; **O** ; **OU** ; **2** qui ressemble à la « hamza » arabe : c'est une attaque vocalique (occlusive laryngale). Cette description de la prononciation libanaise reste insuffisante. Il faut absolument se référer à un professeur ou à n'importe quelle personne libanaise.

Certains sons et lettres de la langue française n'existent pas en arabe. Nous les maintenons en phonétique. Il faut les prononcer comme dans leurs langues d'origine. Ils ne sont guère compliqués à repérer. Pour les lettres, il s'agit du **V** (comme dans **kaviar**) du **P** (comme dans **éspadrin**, baskets) et du **È** et du **U** (comme dans **tunèl**). Pour les sons, il s'agit surtout du **On** (comme dans gidon) et du **Eu** (comme dans asenseur).

Il est impératif de bien prononcer, surtout lorsqu'une voyelle est allongée ou une consonne alourdie. Sinon, vous risquez parfois de dire le mauvais terme ou de prononcer des grossièretés. Exemples :
3alam (drapeau) et **3alam** (monde, gens).
Séf (épée) et **Séf** (été).
Kés (verre d'alcool) et **Késs** (vagin ; vulg.).

2. La déclinaison possessive par annexion du pronom personnel

La déclinaison possessive par annexion du pronom personnel, ainsi que la conjugaison sont les deux clefs du dialecte libanais. Aucune compréhension des phrases n'est possible sans une bonne assimilation de leur fonctionnement. Voici un exemple type de la déclinaison effectuée à partir du mot masculin « **bayt** » :

-Bayt**é** : maison de moi (ma maison) -Bayt**ak** : maison de toi (ta maison) ; masculin -Bayt**ik** : maison de toi (ta maison) ; féminin -Bayt**o** : maison de lui (sa maison) -Bayt**a** : maison de elle (sa maison)	-Bayt**na** : maison de nous (notre maison) -Bayt**koun** : maison de vous (votre maison) -Bayt**oun** : maison de eux/elles (leur maison)

Les terminaisons qui s'ajoutent aux noms sont en gras. D'une manière générale, c'est de la sorte qu'on décline les noms, en annexant au terme le « **é** » (moi), « **ak** » (toi ; masc.), « **ik** » (toi ; fém.), « **o** » (lui), « **a** » (elle), « **na** » (nous), « **koun** » (vous), « **oun** » (elles/eux).

Au féminin, la déclinaison s'effectue différemment. En arabe, le « **t** » court à la fin du singulier est le signe du féminin. En libanais, ce « **t** » est transformé en « **é** » ou « **a** ». Cependant, lorsqu'on décline les noms, ce « **é** » retrouve sa forme arabe (pour faire la liaison phonétique) et se prononce désormais comme un « **t** ». Exemple du terme « **jénsiyyé** » :

Jénsiyy**_t_é** : ma nationalité	Jénsiyyé**_t_na** : notre nationalité
Jénsiyy**_t_ak** : ta nationalité ; masculin	Jénsiyyé**_t_koun** : votre nationalité
Jénsiyy**_t_ik** : ta nationalité ; féminin	Jénsiyy**_t_oun** : leur nationalité
Jénsiyy**_t_o** : sa nationalité ; masculin	
Jénsiyy**_t_a** : sa nationalité ; féminin	

À certaines personnes, la dernière voyelle du terme à sa forme initiale disparaît. Effectivement, à chaque fois que s'ajoute une voyelle après la dernière consonne initiale du terme, celle qui était la dernière voyelle du terme (donc précédant en général la dernière consonne), disparaît. Le « **a** » et les voyelles **allongées** échappent à cette règle. Ce deuxième tableau explique d'une manière détaillée le procédé :

Jénsiyy**é*t*é** : ma nationalité	Jénsiyyé**_t_na** : notre nationalité
Jénsiyy**é*t*ak** : ta nationalité ; masculin	Jénsiyyé**_t_koun** : votre nationalité
Jénsiyy**é*t*ik** : ta nationalité ; féminin	Jénsiyy**é*t*oun** : leur nationalité
Jénsiyy**é*t*o** : sa nationalité ; masculin	
Jénsiyy**é*t*a** : sa nationalité ; féminin	

Nous remarquons que la règle ne s'applique pas aux première et deuxième personnes du pluriel. Cela a pour cause les deux consonnes qui existent entre la dernière voyelle et l'ancienne dernière voyelle. L'existence des deux consonnes empêche l'ancienne dernière voyelle de disparaître.

3. Vocabulaire : noms de certains membres de la famille

Émm : mère **Bayy** : père **Sétt** : grand-mère **Jédd** : grand-père **Ébén** : fils **Bénét** : fille **Joz** : mari	**Mart** : épouse **Khayy** : frère **Ékhét** : sœur **Khal** : oncle maternel **Khalé** : tante maternelle **3amm** : oncle paternel	**3ammé** : tante paternelle **Hama** : belle-mère **Kénné** : belle-fille **3adil** : l'époux de la sœur de ma femme **Sôhor** : beau-frère **Hafid** : petit-fils **Hafidé** : petite-fille

4. Exemples divers de déclinaisons

Émmé : ma mère ; **bayyak** : ton père ; **sétto** : sa grand-mère ; **jéddna** : notre grand-père ; **ébné** : mon fils (la même règle de la disparition du « é » lors de la déclinaison du féminin s'applique : en ajoutant une voyelle à la fin du mot, l'ancienne dernière voyelle disparaît. Ce phénomène est très fréquent dans le dialecte libanais) ; **bénté** : ma fille ; **jawza** : son mari ; **marto** : sa femme ; **khalkoun** : votre oncle maternel ; **khaltoun** : leur tante maternelle ; **3ammna** : notre oncle paternel ; **3ammté** : ma tante paternelle ; **khayyoun** : leur frère ; **ékhétna** : notre sœur.

- ***Remarque*** : le terme « cousin » n'existe pas en libanais. Ainsi, pour désigner un cousin, il faut indiquer le lien de parenté de manière détaillée. Par exemple : **ébén khalté** (le fils de ma tante maternelle), **bénét khalté** (la fille de ma tante maternelle) ou **bénét 3ammé** (la fille de mon oncle paternel). En outre, le terme **hafid** est peu utilisé. On dit plutôt : **ébén bénté**, **ébén ébné**, **bénét bénté**, ou **bénté ébéné**.

5. Règle des trois consonnes

Lorsque trois consonnes se suivent, la prononciation devient parfois ardue. Pour la faciliter, il suffit d'ajouter un « **é** » entre la première et la deuxième consonne. Exemple : **tâwlé** (table), ma table = **tâ*wélté*** (au lieu de **tâ*wlté***).

6. Appellations familiales diverses

Mâmâ/moumma /mâmi : maman	**Khalo** : oncle
Bâbâ /pouppa/pâpi : papa	**Khalto** : tante
Téta : mamie	**3ammo** : oncle
Jéddo : papi	**3ammto** : tante

- *NB* : au Liban, en signe de respect, on appelle traditionnellement les hommes plus âgés que nous « **3ammo** », et les femmes « **tante** ». La différence d'âge qui nécessite une telle appellation est bien variable (plus de 20 ans en général).

7. Lecture

- **Baytna hélo** : notre maison est belle.
- **Baytkoun ktir hélo** : votre maison est très belle.
- **Ché22tak hélwé** : ton appartement est beau (**ché22a** : appartement).
- **Binéytoun kbiré** : leur immeuble est grand (**binéyé** : immeuble).
- **Oudté zghiré** : ma chambre est petite (**oudâ** : chambre).
- **2albo kbir** : son cœur est grand (**2aléb** : cœur) ; il accepte beaucoup de choses difficilement supportables.
- **3a2lo zghir** : sa raison est petite (**3a2él** : raison) ; il est bête.
- **Siyyarto sari3a** : sa voiture est rapide (**siyyara** : voiture).
- **Fôstana jdid :** sa robe est neuve (**fôstan** : robe).
- **Kérsétkoun honiké** : votre chaise est là-bas (**kérsé** : chaise ; **hon/honé** : ici, **honik/honiké** : là-bas).
- **Bayyé tâwil** : mon père est long (grand de taille).
- **Jarté 2âsiré** : ma voisine est courte (petite de taille).
- **Tyéboun jdéd** : leurs habits sont neufs (**tyéb** : habits).
- **Khzénto 2adimé** : son armoire est ancienne (**khzéné** : armoire).
- **Chajértoun 2adimé** : leur arbre est ancien (**chajra** : arbre).
- **Khébzo tâyyib** : son pain est bon (**khébéz** : pain).

8. Exercices

- Décliner le vocabulaire figurant au point 3.
- Essayer de retenir tout le vocabulaire de la leçon.
- Après la lecture du point 7, varier la déclinaison des phrases tout en faisant l'effort de ne pas confondre les genres avec le français.

9. À retenir

- **Kifak/kifik ?** (comment vas-tu ? ; **kif** : comment).
- **Kif sôhhtak/ kif él sôhha ?** (comment va ta/la santé ?).
- **Ana mnih w énta ?** (je vais bien et toi ? ; **mnih/mniha/mnéh**, masc./fém./pl.).
- **Marhaba** : salut (se dit à tout moment) ou son pluriel **marahib.**

NB : il faut toujours faire l'exercice de lire à haute voix et de bien articuler. Ceux qui en ont la possibilité n'hésiteront pas à se faire aider par des Libanais pour une meilleure prononciation (et gare aux accents montagnards !).

Deuxième leçon : Notions générales

1. Le masculin et le féminin

Les mots féminins se terminent en général en langue arabe par le « **t** » du féminin qui est parfois aspiré comme un « **h** ». Ce « **t** » est prononcé en libanais « **é** » ou « **a** ». Ainsi, lorsqu'un terme libanais se termine par une voyelle, il est en général féminin. Le plus simple serait de considérer tous les noms communs **singuliers** se terminant par une consonne comme masculins et ceux se terminant par une voyelle comme féminins (la marge d'erreur est négligeable).

- *Quelques exceptions* : certains membres doubles du corps se terminent par une consonne mais sont au féminin, comme **3én** (œil), **id** (main) et **éjér** (pied). **Chaméss** (soleil) et **hayét** (vie) sont féminins. **Ghada** (déjeuner) et **3acha** (dîner) sont masculins alors que **térwi2a** (petit-déjeuner) est féminin. Pour **ghada** et **3acha**, la terminaison n'est pas en arabe un « **t** » du féminin, mais une voyelle longue, alors que le « **a** » de **térwi2a** est un « **t** » du féminin.

- *Exemples de mots masculins* :
Bét (maison), **sâhén** (assiette), **sékkin** (couteau), **chébbék** (fenêtre), **béb** (porte), **ktéb** (livre), **2alam** (crayon), **sâtéh** (toit), **daraj** (escalier), **mâtbakh** (cuisine), **dar** (salon), **maktab** (bureau), **balad** (pays), **témm** (bouche), **wéjj** (visage), **3asal** (miel), **ka3éb** (talon), **tob** (vêtement), **dôfor** (ongle), **faréd** (pistolet), **arnab** (lapin), **fil** (éléphant), **ma3mal** (usine), **sâroukh** (fusée), **hobb** (amour).
- *Exemples de mots féminins* :
Tâwlé (table), **kébbéyé** (verre), **2anniné** (bouteille), **chawké** (fourchette), **malé32a** (cuillère), **lâmba** (lampe), **binéyé** (immeuble), **défféyé** (chauffage), **ébré** (aiguille), **maktabé** (bibliothèque/librairie), **jém3a** (université), **chajra** (arbre), **3élbé** (boîte), **bawsé** (baiser/bisou), **majallé** (revue), **jaridé** (journal), **chérké** (entreprise), **mantâ2a** (région), **sé3a** (montre, heure), **kanzé** (pull), **2éddéha** (briquet), **hdiyyé** (cadeau), **débbébé** (char militaire), **namlé** (fourmi).

Si le même terme existe aux deux genres, le passage se fait en général par l'ajout de la voyelle du féminin, le « **é** » ou le « **a** » :

	Masculin	*Féminin*		*Masculin*	*Féminin*
Âne	**Hmar**	**Hmara**	Ours	**Débb**	**Débbé**
Bien	**Mnih**	**Mniha**	Petit	**Zghir**	**Zghiré**
Mauvais	**3âtil**	**3âtlé**	Chien	**Kaléb**	**Kalbé**

- Passage au féminin des mots se terminant par des voyelles longues

D'une manière générale, les voyelles rencontrées à la fin des noms communs sont les « **t** » du féminin. Toutefois, si un mot se termine par un « **é** » au masculin, comme « **lébnéné** » (Libanais), cela veut dire que ce « **é** » n'est pas le « **t** » du féminin, mais une grande voyelle. Le passage au féminin se fait dans ce cas, en général, de la sorte : **lébnéné/lébnéniyyé**, c'est-à-dire en remplaçant le « **é** » par un « **iyyé** ». Autres exemples : **frénséwé** (Français)/**frénséwiyyé** ; **zaké** (intelligent)/**zakiyyé** ; **2awé** (fort)/**2awiyyé**. NB : le pluriel de ces mots est souvent identique au féminin. Exemple : **Ahlé lébnéniyyé** (mes parents sont libanais ; **ahél** : parents).

- Le féminin possessif

Dès qu'un terme féminin singulier est en état de possession, le « **t** » arabe du féminin réapparaît sous forme de « **it** », ce qui n'est pas le cas du masculin.

Kérsé est féminin. « La chaise de Tony » se dit : « kérs**it** Tôny ». Alors qu'avec un terme masculin comme **2alam** (crayon), on dit : « 2alam Tôny ». Autres exemples : **séha** (place) = séh**it** él chéhada (place des martyrs) ; **njâsa** (poire) = njâs**it** Karim (la poire de Karim).

2. Le duel

En plus du singulier et du pluriel, il existe en libanais le duel. Celui-ci est utilisé pour parler de deux éléments, alors que le pluriel commence à partir de trois. Le duel masculin se constitue par l'ajout de la particule « **én** », alors que le duel féminin se constitue par l'ajout de la particule « **tén** » (le « **t** » étant la lettre du féminin en arabe littéraire). Exemples :

	Singulier	*Duel*	*Pluriel*
Maison	**Bét**	**Baytén**	**Byout**
Pomme	**Téfféha**	**Téfféhtén**	**Téfféhat**
Crayon	**2alam**	**2alamén**	**2lém**
Verre	**Kébbéyé**	**Kébbéytén**	**Kébbéyét**
Tableau	**Loh**	**Lawhén**	**Lwéh**
Livre	**Ktéb**	**Ktébén**	**Kétoub**

En libanais, on ne dit pas comme en français « une maison, deux maisons », c'est-à-dire « **wahad bét, tnén bét** », mais « **bét, baytén** ». Ce n'est qu'à partir de trois qu'on utilise les chiffres pour indiquer le nombre d'une chose, sinon ce sont le singulier ou le duel qui sont utilisés. Il y a cependant de rares exceptions, comme « **kilo** » dont le duel est **tnén kilo** et non **kiloyén**, ainsi que **tnén bira** (deux bières) et non **birtén**.

3. Contractions dialectales

Comme vous l'avez constaté ci-dessus, le duel de « **bét** » n'est pas « **bétén** » mais « **baytén** ». La déclinaison de ce terme suit la même logique : **bayté, baytak, baytik**... En libanais, lorsqu'un mot est utilisé au singulier, à son état initial, c'est-à-dire sans aucun ajout au mot par annexion de pronom personnel ou de duel, le « **ay** » se contracte en « **é** » et le « **aw** » se contracte en « **ô** ». Le terme « maison » en arabe littéraire est « **bayt** » : bien que certains Libanais pourraient le prononcer de la sorte, la plupart le contractent en disant « **bét** ». Si la contraction est gardée au duel ou en déclinant, la prononciation sera à ce moment celle du dialecte syrien ou palestinien. Exemples de contraction :

Œil/fontaine	**3ayn**	**3én**	Huile	**Zayt**	**Zét**
Mur	**Hâyt**	**Hét**	Couleur	**Lawn**	**Lon**
Mari	**Jawz**	**Joz**	Voix	**Sâwt**	**Sôt**

4. L'article défini

Il n'y a qu'un seul article en libanais : « **l** » (ou « **él** »), invariable en genre et en nombre. Il permet de déterminer un mot. Exemples : **bét** (maison), **l bét** (la maison) ; **byout** (maisons), **l byout** (les maisons).

Si un nom qui prend un article est suivi d'un adjectif épithète, celui-ci prend un article aussi. Exemple : **tâwlé kbiré** (une table grande), **l tâwlé l kbiré** (la table grande).
Alors qu'un nom suivi d'un adjectif attribut ne prend jamais d'article. Exemple : **l tâwlé kbiré** (la table est grande). Ici, il s'agit d'une phrase nominale en libanais.

5. Conjonction et préposition

- « Et » se dit « **w** » (suivi d'une voyelle) ou « **wou** » (suivi d'une consonne) : **l tâwlé wou l kérsé** (la table et la chaise) ; **ana w bayyé** (moi et mon père).
- « Dans » se dit « **bé** » : **ana bé l bét** (je suis dans la maison) ; **l ktéb bé l siyyara** (le livre est dans la voiture).
- « Sur » se dit « **3a** » : **l sâhén 3a l tâwlé** (l'assiette est sur la table). NB : « **3a** » s'utilise aussi pour indiquer un mouvement, tout mouvement : **ana rayih 3a l bét** (je vais à la maison) ; **ana séfarét 3a Lébnén** (j'ai voyagé au Liban).
- « De » se dit « **mén** ». Quand « **mén** » est suivi d'un « **l** », nous prononçons de la sorte : « **mnél** ». Le terme signifie alors « du », « de la » ou « des » : **sâhbé mnél jabal** (mon ami est de la montagne ; **sâhib** : ami).
- « À propos de » se dit « **3an** » ou « **3ann** » : **mbérih hkit ana w khayyé 3annak** (hier j'ai parlé avec mon frère à propos de toi).

6. La négation

Devant un verbe ou une particule à caractère verbal (voir la quatrième leçon), on utilise « **ma** » pour exprimer la négation. Exemples : **ma baddé** (je ne veux pas), **ma békoul** (je ne mange pas).
Devant un nom ou un participe (voir la neuvième leçon), on utilise « **méch** » pour exprimer la négation.
Exemples : **ana méch hon** (je ne suis pas ici), **Hanna méch rayih** (Jean ne part pas).

Pour passer du « pas » au « plus », il suffit d'ajouter après la négation la particule « **ba2a** ». Exemple : **ma ba2a baddé** (je ne veux plus). Il est possible aussi d'utiliser le verbe **3ad/3oud** (revenir), conjugué ou à l'infinitif. Exemple : **ma 3ad baddé.**

NB : la négation « **ma** » peut se décliner de la sorte : **manné, mannak, mannik, manno, manna, mannna, mannkoun, mannoun**. Signification : **ana manné hon** (je pas moi ici = je ne suis pas ici), **mannak honik** (pas toi là-bas = n'es-tu pas là-bas) **?**

7. Le pluriel régulier

Celui-ci se construit sans changer la structure du mot.

a. Pour les mots masculins, le pluriel se termine par « **in** ».
Exemples : **hélo** (beau), pl. : **hélwin** ; **béchi3** (moche), pl. : **béch3in** ; **bâti2** (lent), pl. : **bâti2in**.
b. Les mots qui se terminent par un « **gé** » (origine turque) prennent un « **giyyé** » au pluriel. Exemples : **kéndargé** (cordonnier), pl. : **kéndargiyyé** ; **dékkangé** (épicier), pl. : **dékkangiyyé**.
c. Pour les mots féminins, le pluriel régulier se construit en ajoutant un « **ét** » ou un « **at** ». Exemples : **tâwlé** (table), pl. : **tâwlét** ; **siyyara** (voiture), pl. : **siyyarat** ou **siyyarét**.
d. Les mots masculins ou féminins empruntés aux langues étrangères ont un pluriel qui se terminent par « **ét** ».
Exemples : **téléfôn**, pl. : **téléfônét** ; **céllulair**, pl. : **céllulairét** ; **ôtél** (hôtel), pl. : **ôtélét**.

- ***Remarque*** : il existe en général deux sortes de pluriel pour chaque mot, le pluriel classique et le pluriel qu'on peut appeler « le genre ». Par exemple, cèdre se dit « **arzé** » (fém.) et son pluriel est « **arzét** ». Quant à « **arz** », il est un masculin singulier mais il signifie un pluriel, celui du genre. Si j'ai devant moi un cèdre ou des cèdres, je les montrerai à mon ami en lui disant : **chouf él arzé** ou **chouf él arzét**. Alors qu'en parlant de l'idée du cèdre ou des cèdres, en poésie par exemple ou en chant patriotique, je parlerai du cèdre ou des cèdres éternels de la sorte : **l arz él khélid** (éternel). Ici, il s'agit du genre qui exprime le concept ou l'idée. Une grande partie des mots (principalement au fém.) ont un pluriel « genre », mais tous ne correspondent pas forcément à des aspirations poétiques. Exemples : **mawzé/mawzét/moz** (banane) ; **khébzé/khébzét/ khébéz** (pain), **karzé/karzét/karaz** (cerise).

8. Le démonstratif

Il existe deux formes de démonstratif en libanais :

a. Forme légère : « **ha** ». Invariable, elle est toujours suivie de l'article « **l** ». Exemples : **ha l réjjél** : cet homme ; **ha l mara** : cette femme ; **ha l bwéb** : ces portes.

b. Forme lourde comprenant un mode de proximité et un autre d'éloignement.

	Masc. sing.	*Fém. sing.*	*Pluriel*
Proximité	**Hayda**	**Haydé**	**Holé/ Haydolé**
Eloignement	**Haydak/ Haydaké**	**Haydik/ Haydiké**	**Holik/ Haydolik**

Suivie de l'article, la forme lourde a le même sens que la forme légère. Exemples : **hayda l takhét** : ce lit ; **haydik l tâwlé** : cette autre table ; **holé l néswén** : ces femmes. Toutefois, sans article, la forme lourde permet de constituer une phrase nominale. Exemple : **hayda 3imad** : celui-ci est (ou c'est) Imad ; **haydak azghar** : l'autre est plus petit ; **haydé kérsé** : c'est une chaise.

9. Le comparatif

Il est utilisé en libanais pour comparer entre deux éléments : plus grand que, plus petit que, plus beau que… Il se construit à partir des adjectifs masculins, en ajoutant un « **a** » au début du mot, en transformant la dernière voyelle en « **a** » et en supprimant tout autre voyelle si elle existe. Le comparatif est en général suivi de « **mén** », qui veut dire dans ce cas : « que ».

	Adjectif	*Comparatif*
Beau/sucré	**Hélo**	**Ahla**
Bon	**Tâyyib**	**Âtyab**
Chaud	**Sôkhon**	**Âskhan**
Faible/maigre	**D3if**	**Âd3af**
Fort	**2awé**	**A2wa**
Froid	**Bérid**	**Abrad**
Grand	**Kbir**	**Akbar**

Gros	**Nâsih**	**Ânsâh**
Idiot	**Hablé**	**Ahbal**
Merveilleux	**Ra2i3**	**Arwa3**
Moche	**Béchi3**	**Abcha3**
Petit	**Zghir**	**Azghar**
Pieux	**Ta2é**	**At2a**
Pur	**Na2é**	**An2a**
Rapide	**Sari3**	**Asra3**

- *NB* : le comparatif de **mnih** (bien) est **ahsan** (meilleur) ; le comparatif de **2alil** (peu) est **a2al** (moins).

- *Exemples* :
- **Khayyé azghar mén khayyak :** mon frère est plus petit (jeune) que ton frère.
- **Bayto akbar mén baytna :** sa maison est plus grande que notre maison.
- **Lébnén ahla mén kéll él béldén :** le Liban (est) plus beau que tous les pays.
- **L hobb a2wa mnél mot :** l'amour est plus fort que la mort.
- **Ha l séné, marté âd3af mén haydik él séné :** cette année, ma femme est plus maigre que l'année passée.
- **Motoyté asra3 mén motoytak :** ma moto est plus rapide que ta moto.

10. Le superlatif

Le superlatif se constitue à partir du comparatif auquel il faut ajouter « **chi** ». Il consiste à indiquer la valeur absolue de la chose. Exemple : **âtyab chi l knéfé** : le knéfé (pâtisserie libanaise) est ce qu'il y a de plus bon (meilleur).

11. À retenir

- **É** (oui), **na3am** (formel).
- **La/la2/la2a** (non).
- **Min** (qui) ?
- **Wén** (où) ?
- **3afwan** (pardon/désolé).
- **Té2riban** (à peu près).
- **Hasab** (ça dépend).

- **Aymtin/aymata** (quand) ?
- **Lamma** (lorsque/quand).
- **Bass** (arrête/lorsque/mais).
- **Hadd** (à côté).
- **Jouwwa** (dedans).
- **Barra** (dehors).
- **Donc** (fa2ézan).
- **Bén** (entre).
- **Yimkin** (peut-être).
- **Halla2** (maintenant).
- **Fo2** (en haut).
- **Tahét** (en bas).

Troisième leçon : L'accompli

1. Les pronoms personnels

Ana : je	**Néhna** : nous
Énta : tu (masc.)	**Énto** : vous
Énté : tu (fém.)	**Hénné** : ils/elles
Houwwé : il	
Hiyyé : elle	

- *NB* : les pronoms personnels permettent de construire des phrases nominales. Exemples : **ana Hasan** (je suis Hasan) ; **hiyyé honé** (elle est ici) ; **hénné ma3na** (ils sont avec nous), **houwwé ktir mahdoum** (il est très sympathique).

2. Les verbes

Le dialecte libanais ne possède pas de temps grammaticaux comme en français. Il est tributaire de la grammaire de la langue arabe où l'on trouve l'**accompli**, c'est-à-dire le passé, l'**inaccompli**, qui sert à constituer le présent et le futur, l'**impératif** et les **participes** (que vous aurez le grand bonheur de découvrir à la leçon 9).

3. L'accompli

Le plus simple est de dire que l'accompli correspond en français au passé composé. On y trouve trois catégories principales pour la conjugaison des verbes. **La première catégorie** est celle des verbes qui se terminent par une consonne (comme **rakâd**) et qui ont tous la même terminaison une fois conjugués. Cette première catégorie comporte trois sous-catégories. **La deuxième catégorie** est celle des verbes qui se terminent par une voyelle (comme **nésé**) et qui ont tous la même terminaison une fois conjugués. **La troisième catégorie** est celle des verbes qui se terminent par une double consonne (comme **hâtt**), ou une double consonne suivie d'une voyelle (comme **ghâtta**). Cette catégorie comporte deux sous-catégories qui ont une conjugaison semblable à l'accompli, mais différente à l'inaccompli et à l'impératif.

1er modèle de conjugaison de l'accompli, sous-catégorie **a** : verbe **rakâd̲**

Ana rakâd̲**ét** : j'ai couru Énta rakâd̲**ét** : tu as couru (masculin) Énté rakâd̲**té** : tu as couru (féminin) Houwwé rakâd̲ : il a couru Hiyyé rakâd̲**it** : elle a couru	Néh̲na rakâd̲**na** : nous avons couru Énto rakâd̲**to** : vous avez couru Hénné rakâd̲**o** : ils/elles ont couru

Pour ce premier modèle, les deux voyelles des verbes sont des « **a** » et parfois la première voyelle est un « **é** » comme dans **s<u>é</u>far** (voyager). Les verbes de cette sous-catégorie ont en commun le fait que leur structure initiale ne change pas durant la conjugaison.

1er modèle de conjugaison de l'accompli, sous-catégorie **b** : verbe **nézil**

Ana nzél**ét** : je suis descendu Énta nzél**ét** : tu es descendu (masculin) Énté nzél**té** : tu es descendue (féminin) Houwwé nézil : il est descendu Hiyyé nézl**it** : elle est descendue	Néh̲na nzél**na** : nous sommes descendus Énto nzél**to** : vous êtes descendus Hénné nézl**o** : ils/elles sont descendus

Pour ce modèle, nous constatons que la morphologie des premières et deuxièmes personnes se ressemblent et diffèrent de la morphologie des troisièmes personnes, semblables entre elles. Pour constituer ces premières et deuxièmes personnes, il a fallu déplacer le « **é** » de **nézil** et le mettre à la place du « **i** » pour obtenir la racine « **nzél** ». Il faudra toujours procéder de la sorte avec ce modèle. NB : si la première voyelle est au contact d'une lettre emphatique comme le « **t̲** » par exemple, le « **é** » devient emphatique et se prononce « **ô** » (le verbe monter « **t̲ôli3** » = **ana t̲lô3ét**).

1er modèle de conjugaison de l'accompli, sous-catégorie **c** : verbe **2al**

Ana 2él**ét** : j'ai dit Énta 2él**ét** : tu as dit (masculin) Énté 2él**té** : tu as dit (féminin) Houwwé 2al : il a dit Hiyyé 2al**it** : elle a dit	Néhna 2él**na** : nous avons dit Énto 2él**to** : vous avez dit Hénné 2al**o** : ils/elles ont dit

Comme pour le modèle précédent, les premières et deuxièmes personnes se distinguent (le « **a** » se transforme en « **é** ») des troisièmes personnes. Un autre verbe très fréquent de cette catégorie : **râh** (aller). Si la voyelle du verbe est déjà un « **é** » à l'infinitif, celle-ci restera inchangée durant toute la conjugaison du verbe. Cela est le cas du verbe **ném** (dormir).

2e modèle de conjugaison de l'accompli : verbe **nésé**

Ana ns**it** : j'ai oublié Énta ns**it** : tu as oublié (masculin) Énté ns**ité** : tu as oublié (féminin) Houwwé nésé : il a oublié Hiyyé nésy**it** : elle a oublié	Néhna ns**ina** : nous avons oublié Énto ns**ito** : vous avez oublié Hénné nés**yo** : ils/elles ont oublié

Pour constituer ce modèle, il suffit d'enlever les voyelles du verbe à l'infinitif et d'y ajouter la terminaison correspondante (n**é**s**é** = ns**it**). Cette catégorie suit la règle des premières et deuxièmes personnes qui se ressemblent et qui diffèrent des troisièmes personnes (les « **é** » sont remplacés par les « **y** » pour une prononciation plus fidèle). Un autre exemple de conjugaison de l'accompli selon le deuxième modèle est celui du verbe « **éja** » (venir). Le fait qu'il se termine par un « **a** » affecte les terminaisons de la conjugaison de la troisième personne du féminin singulier et de la troisième personne du pluriel. Cela est causé par la rencontre du « **é** » avec le « **it** » qui résulte en un « **yit** », alors que la rencontre du « **a** » avec le « **it** » donne un « **it** ». La même règle s'applique à la troisième personne du pluriel : « **é** » + « **o** » = « **yo** », alors que « **a** » + « **o** » = « **o** ».

Ana ji**t** : je suis venu Énta ji**t** : tu es venu (masculin) Énté ji**té** : tu es venue (féminin) Houwwé éja : il est venu Hiyyé éj**it** : elle est venue	Néhna ji**na** : nous sommes venus Énto ji**to** : vous êtes venus Hénné éj**o** : ils/elles sont venus

3e modèle de conjugaison de l'accompli, sous-catégorie **a** : verbe **hâtt**

Ana hât**tét** : j'ai mis Énta hât**tét** : tu as mis (masculin) Énté hâtt**ayté** : tu as mis (féminin) Houwwé hâtt : il a mis Hiyyé hâtt**it** : elle a mis	Néhna hâtt**ayna** : nous avons mis Énto hâtt**ayto** : vous avez mis Hénné hâtt**o** : ils/elles ont mis

3e modèle de conjugaison de l'accompli, sous-catégorie **b** : verbe **ghâtta**

Ana ghât**tét** : j'ai couvert Énta ghât**tét** : tu as couvert (masculin) Énté ghâtt**ayté** : tu as couvert (féminin) Houwwé ghâtta : il a couvert Hiyyé ghâtt**it** : elle a couvert	Néhna ghâtt**ayna** : nous avons couvert Énto ghâtt**ayto** : vous avez couvert Hénné ghâtt**o** : ils/elles ont couvert

4. Vocabulaire

Certains verbes du premier modèle

a	b
Séfar : voyager **Katab** : écrire **Ballach** : commencer **3allam** : enseigner **Barad** : avoir froid **Khâtâb** : se fiancer **Ghayyar** : changer **Tjawwaz** : se marier	**Kébir** : grandir **2édir** : pouvoir **Hôfiz** : mémoriser **3émil** : faire **Chérib** : boire **Zé3il** : se fâcher **Hézin** : s'attrister **Férih** : se réjouir

c
Ném : dormir
Fét : entrer
Râh : partir
Zar : visiter
Târ : s'envoler
Ghâr : être jaloux
Fé2 : se souvenir
Ré2 : se calmer

Certains verbes du deuxième modèle

Rébé : être élevé	**Méché** : marcher
Ghéfé : s'endormir	**Éja** : venir
Wé3é : se réveiller	**Béké** : pleurer
Lé2a : trouver	**Bé2é** : rester
Sô2é : arroser	**Ré3é** : paître
Hémé : protéger	**Chéké** : accuser
Chéfé : Guérir	**Méhé** : effacer

Certains verbes du troisième modèle

a	b
Ghâtt : atterrir	**Rabba** : élever
Nâtt : sauter	**Jawwa** : se familiariser
Zâtt : passer rapidement	**3alla** : hausser
Zatt : jeter	**Wâtta** : baisser/abaisser
3add : compter	**Ghâtta** : couvrir
3âdd : mordre	**Sâlla** : prier
Sadd : boucher	**Ghalla** : hausser les prix

5. Exemples de conjugaison

Ana rakâdét : j'ai couru ; **énta séfarét** : tu as voyagé ; **énté katabté** : tu as écrit ; **houwwé 3allam** : il a enseigné ; **hiyyé baradit** : elle a eu froid ; **houwwé khâtâb** : il s'est fiancé ; **hiyyé tjawwazit** : elle s'est mariée ; **néhna ghayyarna** : nous avons changé ; **énto ballachto** : vous avez commencé ; **ana kbérét bé Bayrout** : j'ai grandi à Beyrouth ; **ma 2dérna** : nous n'avons pas pu ; **hénné wâtto sâwtoun** (ils ont baisser leur voix).

Ana rbit bé Jounyé : j'ai été élevé à Jounieh ; **énta ghfit** : tu t'es endormi ; **énté w3ité** : tu t'es réveillée ; **hiyyé méchyit** : elle a marché ; **néhna jina** : nous sommes venus ; **hénné békyo** : ils ont pleuré.

Ana ghâttét halé bé l hrém : je me suis couvert avec la couverture (**l hal** : soi-même) ; **léch nâttâyto mén fo2 él tôswiné ?** : pourquoi avez-vous sauté au-dessus de la barrière ? ; **zâtto mén warayé** : ils sont passés rapidement derrière moi ; **rabbayna wou l2ina** : nous avons élevé (sous-entendu, nos enfants) et nous avons trouvé.

6. Lecture

- **Mbérih jit la 3éndak** : hier je suis venu chez toi.
- **Addma kénét té3bén, ghfit 3a l sôfa** : j'étais fatigué à un point que je me suis endormi sur le sofa.
- **Séfarna 3a Lébnén w akalna tabboulé** : nous avons voyagé au Liban et nous avons mangé du tabboulé.
- **Chahér él mâdé, tjawwaz sâhbé bé Lébnén** : le mois passé, mon ami s'est marié au Liban.
- **Nsit énnak honé** : j'ai oublié que tu étais ici.
- **Kénét bé l jabal w baradét ktir** : j'étais à la montagne et j'ai eu très froid.
- **Lyom w3it bakkir** : aujourd'hui je me suis réveillé tôt.
- **Lamma kénit zghiré, 3âdda kaléb** : lorsqu'elle était petite (jeune), un chien l'a mordue.
- **L dékkangiyyé ghallo ktir él bdâ3a** : les épiciers ont beaucoup haussé les prix des marchandises.

7. Exercice

- Conjuguer les verbes figurant au point 4 à l'accompli.

8. À retenir

- **Ma fhémét** : je n'ai pas compris.
- **3id mén fâdlak** : répète s'il te plaît.
- **Hki 3a mahlak 3mol ma3rouf** : parle lentement s'il te plaît.
- **Chou ya3né « tôfol » ?** : que veut dire « enfant » ?
- **Kif mén2oul « fille » bé l lébnéné ?** : comment disons-nous « fille » en libanais ?

- **Addéch 3omrak ?** : quel âge as-tu (combien ton âge) ?
- **Addéch él sé3a ?** : quelle heure est-il (combien est l'heure) ?
- **Addéch bétrid ?** : combien te dois-je ?
- **Sâbah él khér** : bonjour (ô matin du bien). Répondre : **Sâbah él nour** (ô matin de lumière).
- **Masa l khér/masa l nour** : bonsoir.
- **Sâbaho/sa3idé** : bonjour/bonsoir.
- **Sâhtén** : bon appétit (littéralement « deux santés », il se dit à tout moment du repas, même avant ou après). Répondre : **3a 2albak** (sur ton cœur).
- **Nachou** : extase ! Se dit lorsqu'une personne éternue.
- **Ahh** : aïe. Se dit lorsqu'on se brûle.
- **Âkh** : aïe. Se dit lorsqu'on se fait mal (en dehors du cas de **ahh**).
- **Sâhha** : santé (mot invariable). Interjection qui se dit lorsque quelqu'un tousse et parfois à l'éternuement. À ne pas confondre avec la déclinaison de ce terme : **bé sâhhtak, bé sâhhtik,** etc., qui veut dire « à ta santé » (en trinquant), et avec le sens normal de « santé » qui se prononce **sôhha**.

Quatrième leçon : Les mots à caractère verbal

1. Définition

Un mot à caractère verbal est un mot qui n'est pas un verbe en libanais, mais qui se traduit par un verbe en français. La cause est qu'en arabe, les phrases nominales existent. N'étant pas un verbe, cette particule verbale ne se conjugue pas mais se décline. Elle correspond en français au présent de l'indicatif. Exemple : « **baddé** » qui se traduit en français par « je veux ». La déclinaison se fait comme suit :

Ana baddé	Je veux
Énta baddak	Tu veux (masc.)
Énté baddik	Tu veux (fém.)
Houwwé baddo	Il veut
Hiyyé badda	Elle veut
Néhna baddna	Nous voulons
Énto baddkoun	Vous voulez
Hénné baddoun	Ils/elles veulent

2. Les mots à caractère verbal les plus utilisés

Ma3 : veut dire « avec ». La déclinaison de ce mot peut en plus du sens « avec moi » par exemple, avoir la valeur du verbe « avoir ». Traduction littérale du libanais : « j'ai avec moi », « avec moi » ou « j'ai sur moi ». Exemple : **ma ma3é mâsâré** (je n'ai pas d'argent sur moi).

3énéd : ce terme veut dire « chez ». La déclinaison de ce mot en français a la valeur du verbe « avoir » dans le sens de « posséder ». Traduction littérale du libanais : « je possède ». Exemple : **3éndé bét bé Lébnén** (je possède une maison au Liban).

Fi : ce terme veut dire « il y a ». Utilisé dans ce sens, il est invariable. Toutefois, s'il est décliné, il a en français la valeur du verbe « pouvoir ».

Lézim : ce terme veut dire « il faut ». Il se décline toutefois, et a la valeur du verbe « falloir ».

- Exemples divers de déclinaison :

Ana ma3é	J'ai	**Ana 3éndé**
Énta ma3ak	Tu as (masc.)	**Énta 3éndak**
Énté ma3ik	Tu as (fém.)	**Énté 3éndik**
Houwwé ma3o	Il a	**Houwwé 3éndo**
Hiyyé ma3a	Elle a	**Hiyyé 3énda**
Néhna ma3na	Nous avons	**Néhna 3énna**
Énto ma3koun	Vous avez	**Énto 3éndkoun**
Hénné ma3oun	Ils/elles ont	**Hénné 3éndoun**

Fiyyé/finé	Je peux	**Lézémné**	Il me faut
Fik	Tu peux	**Lézmak**	Il te faut
Fiké	Tu peux	**Lézmik**	Il te faut
Fi	Il peut	**Lézmo**	Il lui faut
Fiya	Elle peut	**Lézma**	Il lui faut
Fina	Nous pouvons	**Lézémna**	Il nous faut
Fikoun	Vous pouvez	**Lézémkoun**	Il vous faut
Fiyoun	Ils/elles peuvent	**Lézmoun**	Il leur faut

Nous constatons que la déclinaison de **fi** est particulière au singulier (cf. dixième leçon). Quant à **lézim**, il s'agit d'un participe actif (cf. neuvième leçon) qui est utilisé en tant que mot à caractère verbal ; il ne se décline normalement que lorsque l'action qu'il désigne touche immédiatement à la personne d'une manière physique ou morale. Pour dire « j'ai besoin de sommeil » : **lézémné nom** (sommeil) ; alors que pour dire « il faut partir » : **lézim rouh**.

3. Mots à caractère verbal invariables

Il existe des mots à caractère verbal invariables à toutes les personnes. Ces mots sont utilisés pour déterminer les différents temps de l'inaccompli.

Rah : utilisé à la première personne du singulier, il veut dire « je vais », à la deuxième personne, « tu vas », etc. Exemples : **ana rah ékoul** : je vais manger ; **énta rah tékoul** : tu vas manger. Attention, en prononçant, de ne pas faire la confusion avec le verbe **râh** (aller).

3am : utilisé à la première personne du singulier, il veut dire « je suis en train », à la deuxième personne, « tu es en train », etc. Exemples : **ana 3am békoul** : je suis en train de manger ; **énta 3am btékoul** : tu es en train de manger.

4. Exemples

- **Fik téjé ma3é l laylé 3a l jabal** ? : tu peux venir avec moi ce soir à la montagne ?
- **Ma ma3é manchafé** : je n'ai pas de serviette.
- **Ma baddé ékoul** : je ne veux pas manger.
- **Ma fiyyé ôdhar la anné 3am béchtéghil bé l bét** : je ne peux pas sortir parce que je suis en train de travailler à la maison.
- **Lézémné nôm, ana ktir té3bén** : il me faut du sommeil, je suis très fatigué.
- **3éndé bé l bét akél ktir** : j'ai à la maison beaucoup de nourriture.

5. Texte

Finyénous : Allah ma3ak khayyé Zakhia, kif él sôhha ?	Finyénous : Que Dieu soit avec toi mon frère Zakhia, comment va la santé ?
Zakhia : Ana mnih, néchkour Allah, bass lézémné nôm.	Zakhia : Je vais bien, remercions Dieu, mais il me faut du sommeil.
Finyénous : Léch ma 3am bétném ktir ha l iyyém ?	Finyénous : Pourquoi, tu ne dors pas beaucoup ces jours-ci ?
Zakhia : Abadann. 3éndé ktir chéghél, w ma fiyyé ékhoud fôrsa, lézim khallis.	Zakhia : Pas du tout. J'ai beaucoup de travail et je ne peux pas prendre de vacances. Il faut que je finisse.
Finyénous : Baddak sé3dak bé chi ?	Finyénous : Veux-tu que je t'aide en quelque chose ?
Zakhia : Ya rét fik. Bass chéghlé baddo ikhtisâsé.	Zakhia : Si seulement tu pouvais. Mais mon travail veut (nécessite) un spécialiste.

Finyénous : Tâyyib léch ma bétrouh halla2 w btértéh ?	Finyénous : Alors pourquoi ne vas-tu pas maintenant pour te reposer ?
Zakhia : Ma3ak ha22, yalla, ana râyih halla2 3a l takhét.	Zakhia : Tu as raison, je vais maintenant au lit.
Finyénous : Ahlém sa3idé.	Finyénous : Rêves heureux.

6. Exercices

- Écrire trois phrases simples en utilisant des particules verbales.
- Essayer de retenir le vocabulaire de cette leçon.
- Retenir par cœur la déclinaison de « **fi** » qui sera utilisée comme référence pour toutes les déclinaisons des mots qui se terminent par une grande voyelle.

Cinquième leçon : L'inaccompli (1)

1. Signification de l'inaccompli

Si l'accompli exprime toute action passée, l'inaccompli concerne toute action qui ne s'est toujours pas réalisée ou qui est en cours de réalisation. Il s'agit en français du présent et du futur. L'inaccompli peut avoir trois aspects différents :

a. Il peut signifier un présent général, c'est-à-dire une action qui est une réalité générale comme : **ana békoul téfféh** (je mange [en général] des pommes).

b. Il peut signifier un présent immédiat, une action qui se déroule à l'instant même comme : **3am békoul tékféha** (je suis en train de manger une pomme).

c. Il peut signifier un futur comme : **rah ékoul téfféha** (je vais manger une pomme) ou **baddé ékoul téfféha** (je veux manger une pomme).

Ces trois aspects restent des extrapolations par rapport à la grammaire française.

2. Constitution de l'inaccompli : le radical

La conjugaison de l'inaccompli est plus simple que celle de l'accompli qui varie selon la catégorie verbale. Pour conjuguer un inaccompli, il faut connaître en un premier temps le radical qui est la forme la plus simple du verbe à l'inaccompli. À ce radical, il faut ajouter des préfixes, et à certaines personnes des terminaisons, afin de pouvoir conjuguer. La difficulté de l'inaccompli consiste à pouvoir trouver le radical du verbe qui varie selon les catégories. Nous traiterons des modèles de radicaux à la septième leçon ; pour le moment, parlons de la règle de la conjugaison de l'inaccompli à partir du radical du verbe. L'exemple que nous allons prendre est celui du verbe « **akal** » (manger). Le radical de ce verbe est « **ékoul** ». En voici la conjugaison à l'indicatif et au subjonctif :

Indicatif	*Subjonctif*
békoul	ékoul (~~**b**~~ékoul)
btékoul	**t**ékoul (~~**b**~~**t**ékoul)
bték**lé** (**bt**ék~~ou~~**lé**)	**t**ék**lé** (~~**b**~~**t**ék**lé**)
byékoul	**y**ékoul (~~**b**~~**y**ékoul)
btékoul	**t**ékoul (~~**b**~~**t**ékoul)
mnékoul	**n**ékoul (~~**m**~~**n**ékoul)
bték**lo** (**bt**ék~~ou~~**lo**)	**t**ék**lo** (~~**b**~~**t**ék**lo**)
byék**lo** (**by**ék~~ou~~**lo**)	**y**ék**lo** (~~**b**~~**y**ék**lo**)

- ***Explication*** : le verbe est mis à l'indicatif lorsqu'il ne dépend d'aucun autre verbe ou forme verbale (**3am** excepté). Alors qu'il est mis au subjonctif lorsqu'il dépend d'un autre verbe ou forme verbale. Exemple : **Bouwé3dak énné ékhdak ma3é 3a Ksara w charrbak nbid** (Je te promets de t'emmener avec moi à Ksara et de te faire boire du vin).

- ***Construction.*** Au radical du verbe à l'inaccompli, il faut ajouter : à la première personne du singulier un « **b** » au début du verbe ; aux deuxièmes personnes du singulier un « **bt** » tout en terminant la deuxième personne du singulier féminin par un « **é** » ; à la troisième personne du singulier masculin un « **by** » et à la troisième personne du féminin un « **bt** » ; à la première personne du pluriel un « **mn** » ; à la deuxième personne du pluriel un « **bt** » tout en terminant le verbe par un « **o** » ; à la troisième personne du pluriel un « **by** » tout en terminant le verbe par un « **o** ». Le « **ou** » a disparu à la deuxième personne du singulier féminin et aux deuxièmes et troisièmes personnes du pluriel parce qu'en arabe, il est une voyelle courte (nous le savons parce qu'il n'est pas allongé), donc qui n'est pas constitutive de la racine du mot. Ceci étant, à l'apparition d'une voyelle supplémentaire qui s'ajoute à la fin du mot, il disparaît. Répétons-le : en déclinant et en conjuguant, lorsqu'une voyelle s'ajoute à la fin du mot, la voyelle qui était dernière dans le mot, disparaît (le « **a** » excepté). Pour mettre un verbe au subjonctif, ce qui va être le cas d'une grande partie des verbes conjugués à l'inaccompli, il faut enlever la première lettre du préfixe qui s'ajoute au radical.

- Conjugaison des verbes dont les radicaux commencent par des consonnes

D'une manière générale, lorsque le radical d'un verbe à l'inaccompli commence par une voyelle, il se conjugue comme le verbe « **ékoul** ». Toutefois, si celui-ci commence par une consonne, nous ajouterons un « **é** » (voyelle courte) à certains préfixes qui s'ajoutent aux verbes. Prenons l'exemple du verbe **râh** (aller), dont le radical est « **rouh** ».

Ana **br**ouh	Néhna **mén**rouh
Énta **bétr**ouh	Énto **bétr**ouh**o**
Énté **bétr**ouh**é**	Hénné **byr**ouh**o**
Houwwé **byr**ouh	
Hiyyé **bétr**ouh	

- *Explication* : la voyelle « **ou** » n'a pas disparu car c'est une voyelle longue, faisant partie de la racine du mot (l'allongement de la prononciation veut dire qu'elle est une voyelle longue qui ne peut pas disparaître). Quant aux « **é** », ils sont rajoutés entre les « **b** » et les « **t** » et entre le « **m** » et le « **n** » (règle des trois consonnes), mais pas entre les « **b** » et les « **y** ». Enfin, si à la deuxième personne du féminin singulier, le radical du verbe à l'inaccompli se termine déjà par un « **é** », il n'est pas besoin d'ajouter le « **é** » du féminin puisque celui-ci y est déjà (comme pour le verbe **éja** qui a **éjé** comme radical).

3. L'inaccompli en tant que « présent général »

Le « présent général » signifie une réalité générale comme : **Byrouh 3a l madrasé** (il va à l'école). Dans sa vie, en général, il va à l'école. Ou aussi : **Bhébb ktir l tin él abyâd** (j'aime beaucoup les figues blanches). Le présent général correspond dans sa conjugaison à l'indicatif.

4. Quelques radicaux de l'inaccompli

Rakâd : érkoud	3allam : 3allim	Tjawwaz : étjawwaz
Séfar : séfir	Barad : ébroud	Ghayyar : ghayyir
Katab : éktoub	Khâtâb : ôkhtoub	Ballach : ballich

Rébé : érba Ghéfé : éghfa Wé3é : ou3a	Méché : émché Éja : éjé Béké : ébké

Ghâtt : ghôtt Nâtt : nôtt 3add : 3édd	Zâtt : zôtt Rabba : rabbé 3alla : 3allé

5. Quelques exemples de conjugaison

Énté **bt**érék**dé** (**bt**érék~~ou~~**dé**), ana **b**séfir, néhna **mn**éktoub, hiyyé **bét**3allim, énta **bt**ébroud, énté **bt**ôkhôt**bé** (**bt**ôkhôt~~ou~~**bé**), houwwé **by**étjawwaz, hénné **by**ghayyr**o** (**by**ghayy~~i~~**ro**), ana **b**ballich (bien prononcer les deux « b »).

6. Exercices

- Conjuguer les verbes figurant dans la liste ci-dessus au présent général de l'inaccompli.
- Écrire trois phrases simples en utilisant le présent général.

7. Texte

Hind : Marhaba Rita, kif l sôhha lyom ? Layké, énté béthébbé l 3énab ?	Hind : Salut Rita. Comment va la santé aujourd'hui ? Regarde (dis), aimes-tu les raisins ?
Rita : É, akid. Bhébb l 3énab mén ana w zghiré. W bhébb éklo mén ba3éd él ghada w ba3éd l dôhor kamén.	Rita : Oui, bien sûr. J'aime les raisins depuis que je suis petite. Et j'aime les manger après le déjeuner et l'après-midi aussi.
Hind : 3âtoul ménrouh 3a Farayya w mnéchtéré fwéké mén 3énéd Nawfal.	Hind : Nous partons toujours à Faraya et nous achetons des fruits de chez Nawfal.
Rita : La2a, néhna mnénzal 3a l jnayné 3énna w mnô2touf.	Rita : Non, nous, nous descendons au jardin chez nous et nous (en) cueillons.

Hind : Niyyélkoun, néhna ma 3énna jnayné. Ya rét bykoun 3énna wéhdé, kénét bé3téné fiya kéll yom.	Hind : Je vous envie, nous, nous n'avons pas de jardin. J'aurais souhaité que nous en ayons un, j'en aurais pris soin tous les jours.
Rita : Bâsita, byéjé nhar. L mouhém l sôhha.	Rita : Ce n'est pas grave, un jour viendra. L'important c'est la santé.
Hind : É, akid. w ana béchkour Allah 3a ha l chi bé kéll sé3a.	Hind : Oui, certes. Et moi je remercie Dieu pour cela, à chaque heure.
Rita : Émmé 3am bét3ayyétlé, bérja3 bchoufik ba3dén. Akid lézim sé3éda bé l ghasil.	Rita : Ma mère m'appelle, je te revois tout à l'heure. Il est certains que je dois l'aider (à s'occuper) du linge.
Hind : É, héké bkoun khallâsét darsé. Lyom 3éndé kâwa3éd w térikh.	Hind : Oui, comme ça j'aurai fini mes études (devoirs). Aujourd'hui j'ai grammaire et histoire.
Rita : Bé khâtrik Hind.	Rita : Au revoir Hind.
Hind : Ma3 él salémé Rita.	Hind : Au revoir Rita.

Remarque : le verbe **réji3** (retourner, revenir) s'utilise devant n'importe quel autre verbe pour signifier la répétition. Pour cela, il doit être conjugué au même temps et à la même personne. Exemples : **rjé3ét akalét** (j'ai remangé) ; **réj3it éjit** (elle est revenue) ; **réj3o râho** (ils sont repartis). Cela ne veut pas dire que ce verbe ne peut pas être utilisé pour son sens propre : **mbérih rjé3ét 3a l bét l sé3a 3achra** (hier je suis revenu à la maison à dix heures). Cependant, lorsque « **réji3** » doit être utilisé pour signifier l'action de la répétition (« re- »), à l'inaccompli, il suit le mode du verbe, c'est-à-dire qu'il est à l'indicatif avec l'indicatif, et au subjonctif avec le subjonctif. Cela a été le cas de la phrase dans le texte : « **b**érja3 **b**choufik » (je te revois). Alors que « **bérja3 choufik** » veut dire : je reviens te voir. Dans ce cas, le verbe à l'inaccompli a été mis au subjonctif en application de la règle.

Sixième leçon : L'inaccompli (2)

1. L'inaccompli en tant que « présent immédiat »

L'inaccompli en tant que « présent immédiat » exprime une action qui se déroule au moment même de sa description. C'est comme dire pour l'action de manger : je suis en train de manger. Pour conjuguer le verbe à ce temps, il suffit d'y ajouter la particule « **3am** » qui veut dire « en train de ». La conjugaison de l'inaccompli en tant que « présent immédiat » garde le verbe conjugué à l'indicatif. Exemple :

Présent général	*Présent immédiat*
Ana **b**ékoul	Ana *3am* **b**ékoul
Énta **bt**ékoul	Énta *3am* **bt**ékoul
Énté **bt**é**klé**	Énté *3am* **bt**é**klé**
Houwwé **by**ékoul	Houwwé *3am* **by**ékoul
Hiyyé **bt**ékoul	Hiyyé *3am* **bt**ékoul
Néhna **mn**ékoul	Néhna *3am* **mn**ékoul
Énto **bt**é**klo**	Énto *3am* **bt**é**klo**
Hénné **by**é**klo**	Hénné *3am* **by**é**klo**

2. Exemples de verbes conjugués au « présent immédiat »

- **Ana 3am bérkoud hadd él bét** : je suis en train de courir à côté de la maison.
- **Énté 3am btékétbé ktéb** : tu (fém.) es en train d'écrire un livre.
- **Hénné 3am byghayyro douléb él siyyara** : ils sont en train de changer la roue de la voiture.
- **Hiyyé 3am bétballich darsa** : elle est en train de commencer son étude (**darés** : étude, **darésa** = étude de elle).
- **Néhna 3am ménsé3id jiranna bé jnayntoun** : nous sommes en train d'aider nos voisins dans leur jardin (**jiran** : voisins ; **jnayné** : jardin).

3. L'inaccompli en tant que « futur »

Il existe en libanais deux tournures très fréquentes pour constituer le futur qui n'est pas un temps à part, mais un aspect de l'inaccompli. La première se fait à partir du **rah** qui veut dire « je vais », et la deuxième se fait à partir de **baddé** qui veut dire

« je veux ». Cela correspond par exemple à : « je vais manger » et « je veux manger ». C'est de la sorte qu'il est possible d'obtenir le futur, car « je mangerai » n'existe pas en libanais. La conjugaison du futur se fait en utilisant le subjonctif. Il faut utiliser devant le verbe soit « **rah** » qui est invariable, soit « **baddé** » décliné. Exemples :

Présent général	*Futur 1re forme*	*Futur 2nd forme*
békoul	*rah* ékoul	*baddé* ékoul
btékoul	*rah* **t**ékoul	*baddak* **t**ékoul
btékl**é**	*rah* **t**ékl**é**	*baddik* **t**ékl**é**
byékoul	*rah* **y**ékoul	*baddo* **y**ékoul
btékoul	*rah* **t**ékoul	*badda* **t**ékoul
mnékoul	*rah* **n**ékoul	*baddna* **n**ékoul
btékl**o**	*rah* **t**ékl**o**	*baddkoun* **t**ékl**o**
byékl**o**	*rah* **y**ékl**o**	*baddoun* **y**ékl**o**

Ou, pour être plus clair et voir ce qui a disparu :

Présent général	*Futur 1re forme*	*Futur 2nd forme*
békoul	*rah* ~~**b**~~ékoul	*baddé* ~~**b**~~ékoul
btékoul	*rah* ~~**b**~~**t**ékoul	*baddak* ~~**b**~~**t**ékoul
btékl**é**	*rah* ~~**b**~~**t**ékl**é**	*baddik* ~~**b**~~**t**ékl**é**
byékoul	*rah* ~~**b**~~**y**ékoul	*baddo* ~~**b**~~**y**ékoul
btékoul	*rah* ~~**b**~~**t**ékoul	*badda* ~~**b**~~**t**ékoul
mnékoul	*rah* ~~**m**~~**n**ékoul	*baddna* ~~**m**~~**n**ékoul
btékl**o**	*rah* ~~**b**~~**t**ékl**o**	*baddkoun* ~~**b**~~**t**ékl**o**
byékl**o**	*rah* ~~**b**~~**y**ékl**o**	*baddoun* ~~**b**~~**y**ékl**o**

4. Exemples de verbes conjugués au « futur »

- **Ana rah ôkhtoub bé l séf** : je vais me fiancer durant l'été.
- **Hiyyé badda tôkhtoub bé l chété** : elle veut se fiancer durant l'hiver.
- **Néhna rah nséfir 3a Bériz bé ayloul** : nous allons voyager à Paris en septembre.
- **Rah tébérdé bé l jabal** : tu (fém.) vas avoir froid à la montagne.
- **Houwwé baddo y3allim bé l jém3a** : il veut enseigner à l'université.

- **Hiyyé badda tballich bé l chéghél** : elle veut commencer le travail (dans le sens de : à travailler).
- **Hénné rah yékhsaro** : ils vont perdre.

5. Exercices

- Conjuguer les verbes figurant dans les tableaux de la cinquième leçon au présent immédiat et aux deux formes du futur.
- Relever les verbes à l'inaccompli figurant dans le texte ci-dessous et essayer, dans la mesure du possible, de deviner leur accompli.

6. Texte

Fouad : Wallah ya Naji, tâli3 3a bélé rouh étmachcha lyom ba3éd él dôhor 3a l Manara. Chou ra2yak téjé ma3é ?	Fouad : Je jure au nom de Dieu, Naji, j'ai envie d'aller me balader aujourd'hui après-midi à Manara. Que penses-tu de venir avec moi ?
Naji : Ya rét ! Bass ma fiyyé. Lézim ôtla3 3a l jabal bé asra3 wa2ét. Baddé lé2é ahlé honiké. Hénné nâtrinné.	Naji : Ô j'aurais souhaité ! Mais je ne peux pas. Je dois monter à la montagne le plus vite possible. Je veux rejoindre mes parents là-bas. Ils m'attendent.
Fouad : Ma fiyoun yônôtro la 3achiyyé ? Yalla wlo, l tâ2és ma 3am bykoun 3âtoul hélo.	Fouad : Ils ne peuvent pas attendre jusqu'au soir ? Allons donc, le climat n'est pas toujours beau.
Naji : É ba3rif, bass sârlé jém3a b2oul énné baddé ôtla3 3a l jabal wou b2ajjil.	Naji : Je sais, mais cela fait une semaine que je dis que je veux monter à la montagne et que j'ajourne.
Fouad : Malla ôssa ! W lézim 3a hazzé lyom t2ârrir trouh ?	Fouad : Quelle histoire ! Faut-il pour ma malchance que tu te décides d'y aller aujourd'hui ?

Naji : Khalas khayyé, bouwé3dak énno marrit él jéyé, ma rah 2éllak la2a.	Naji : C'est bon mon frère, je te promets que la fois prochaine, je ne vais pas te dire non.
Fouad : Wa3éd charaf ?	Fouad : Promesse d'honneur ?
Naji : É, é, wéhyét él 3adra w kéll él 2éddisin.	Naji : Oui, oui, je jure au nom de la Vierge et de tous les saints.
Fouad : Tâyyib lakén, rouh tsalla addma fik bé l dây3a, w sallim ktir 3a ahlak, w 2élloun énno baddé choufoun ariban.	Fouad : Bon alors, va t'amuser autant que tu peux au village et salue chaleureusement tes parents (de ma part) et dis-leur que je veux les voir prochainement.
Naji : Mén kéll bédd, w énta stafid addma fik mnél chamés, la anno boukra badda tchatté.	Naji : Certainement, et toi profite autant que tu peux du soleil, parce que demain, il va pleuvoir.

- ***Remarque*** : « **wallah** » qui veut littéralement dire « et Dieu », a la sens de « je jure au nom de Dieu », sert aussi d'emphase dans une proposition et peut être utilisé comme une interjection qui exprime l'étonnement. C'est juste dans le cas où « **w** » et « **Allah** » sont collés qu'il s'agit du fait de jurer. Alors qu'en les séparant, la prononciation ne se fait plus comme s'il s'agissait d'un seul mot, mais de deux mots distincts. Exemple : « **Tchajja3o, w Allah ykoun ma3koun !** » (Soyez encouragés, et que Dieu soit avec vous) ; dans ce cas, prononcer « **w 2âlla** » (avec un « â » emphatique).

Septième leçon : Les radicaux de l'inaccompli

1. Introduction

Il est plus difficile de conjuguer un verbe à l'accompli qu'à l'inaccompli. Pour conjuguer un verbe à l'accompli, il faut connaître sa catégorie. Pour conjuguer un verbe à l'inaccompli, une fois en possession du radical, tous les verbes se conjuguent de la même manière. La difficulté de l'inaccompli consiste à trouver le radical. Pour résoudre ce problème, nous allons donner des exemples types des radicaux des verbes selon leurs catégories. D'une manière générale, c'est à partir de sa catégorie et en suivant les exemples suivants qu'il est possible de forger les radicaux. Mais attention, il y aura toujours quelques exceptions à la règle, évolutions dialectales populaires obligent. NB : le sens des verbes ci-dessous figure dans la troisième leçon. Pour les verbes qui n'y figurent pas, le sens est indiqué après chaque tableau.

2. 1re catégorie a

Il y existe quatre modèles :

Rakâd : érkoud Katab : éktoub Barad : ébroud	Séfar : séfir Ghédar : ghédir Jédal : jédil
3allam : 3allim Nazzal : nazzil Kabbar : kabbir	Tjawwaz : étjawwaz T3allam : ét3allam Tdarrab : étdarrab

Ghédar : quitter ; **jédal** : débattre ; **nazzal** : faire descendre ; **kabbar** : agrandir ; **t3allam** : étudier ; **tdarrab** : s'entraîner.

- ***Explication*** : dans les deuxième et troisième modèles, lorsque le verbe a soit un « **é** » comme première voyelle, soit une double consonne en son milieu, le passage à l'inaccompli se fait juste en remplaçant la deuxième voyelle par un « **i** ». Dans le quatrième modèle, le « **t** » du réfléchi (au début) change le sens initial du verbe en y ajoutant un « se » (**darrab** veut dire entraîner, **tdarrab**, s'entraîner…). Pour passer au radical de l'inaccompli, il suffit d'ajouter un « **é** » au début du mot.

3. 1re catégorie b

Il y existe un modèle :

Rébih : érbah Nézil : énzal Hôfiz : ôhfaz	Férih : éfrah Chérib : échrab Kébir : ékbar

4. 1re catégorie c

Il y existe trois modèles :

Râh : rouh 2al : 2oul Zar : zour	Târ : tir Sâr : sir Fâd : fid	Ném : ném Ghâr : ghâr Htar : Htar

Fâd : déborder ; **htar** : être confus.

- ***Explication*** : le deuxième modèle se constitue lorsque l'une des deux lettres entourant la voyelle centrale est emphatique. Le troisième modèle est celui des irréguliers, il faut les retenir tels quels.

5. 2e catégorie

Il y existe deux modèles :

Rébé : érba Nésé : énsa Ghéfé : éghfa	Méché : émché Béké : ébké Hémé : éhmé

- ***Explication*** : il n'existe malheureusement pas de règle pour faire la différence entre les deux modèles à moins d'avoir recours à l'alphabet arabe qui permet de voir les différentes lettres. Si en utilisant l'alphabet latin, cette méthode gagne en temps, elle se trouve quelques rares fois devant des impasses. Toutefois, la connaissance d'un certain nombre de verbes crée une certaine sensibilité linguistique à partir de laquelle il sera possible de passer facilement de l'accompli à l'inaccompli.

6. 3e catégorie a

Il existe deux modèles :

Zatt : zétt Batt : bétt Madd : médd	Zâtt : zôtt Nâtt : nôtt Ghâtt : ghôtt

Batt : résoudre ; **madd** : étaler.
- ***Explication*** : le deuxième modèle concerne les verbes qui se terminent par des lettres emphatiques.

7. 3e catégorie b

Il existe un modèle :

Rabba : rabbé
Ghâtta : ghâtté
Wâtta : wâtté

8. Exercice

- Essayer de trouver les radicaux de tous les verbes figurant dans les tableaux de la troisième leçon.

NB : il est possible de détailler davantage les catégories verbales. Ce Manuel propose l'essentiel qui est suffisant. Ceux qui veulent aller plus loin peuvent consulter mon ouvrage : Conjugaisons de parler libanais, L'Harmattan, 2011.

Huitième leçon : L'impératif

1. Définition

L'impératif possède trois formes en libanais, toutes aux deuxièmes personnes : deux formes au singulier, masculin et féminin, et une forme au pluriel. La forme du masculin singulier est la forme la plus simple. Elle est utilisée comme référence pour former le féminin singulier et le pluriel. Le masculin singulier est identique pour beaucoup de verbes au radical de l'inaccompli, ou tout simplement assez semblable. Il existe cependant des exceptions où l'impératif masculin est assez déformé par rapport au radical de l'inaccompli. Dans ce cas, cette déformation disparaît lorsqu'on passe au féminin singulier et au pluriel.

2. Conjugaison

La conjugaison de l'impératif s'effectue à partir de l'inaccompli. D'une manière générale, il faut ajouter à la fin du mot, un « **é** » pour le féminin et un « **o** » pour le pluriel (à l'exception des verbes de la 2e catégorie). Nous illustrerons la question, comme pour la leçon précédente, à partir de tableaux qui nous permettront de distinguer les conjugaisons différentes.

3. 1re catégorie a

1er modèle

Inaccompli	*Masc. sing.*	*Fém. sing.*	*Pluriel*
Érkoud	Rko̲d	Rkédé	Rkédo
Éktoub	Kto̲b	Ktébé	Ktébo

- ***Explication*** : pour ce modèle, il faut enlever le « **é** » ou éventuellement le « **ô** » du début du radical, et transformer le « **ou** » en « **o** » pour obtenir le masculin singulier. Ensuite, ce « **o** » se transforme en « **é** » pour former le féminin singulier et le pluriel qui ont chacun leur terminaison respective.

2e modèle

Sé̲fir	Sé̲fir	Sé̲fré	Sé̲fro
Jé̲dil	Jé̲dil	Jé̲dlé	Jé̲dlo

- ***Explication*** : pour ce modèle, le radical de l'inaccompli et l'impératif sont semblables.

3e modèle

3allim	3allim	3allmé	3allmo
Nazzil	Nazzil	Nazzlé	Nazzlo

- ***Explication*** : pour ce modèle, le radical de l'inaccompli et l'impératif sont semblables.

4e modèle

Ét3allam	T3allam	T3allamé	T3allamo
Étjawwaz	Tjawwaz	Tjawwazé	Tjawwazo

- ***Explication*** : pour ce modèle, il suffit d'enlever le premier « **é** » de l'inaccompli pour obtenir l'impératif.

4. 1re catégorie b

Échrab	Chrab	Chrabé	Chrabo
Énzal	Nzal	Nzalé	Nzalo
Ékbar	Kbar	Kbaré	Kbaro

5. 1re catégorie c

Rouh	Rouh	Rouhé	Rouho
2oul	2oul	2oulé	2oulo
Tir	Tir	Tiré	Tiro
Ném	Ném	Némé	Némo
Ghâr	Ghâr	Ghâré	Ghâro

- ***Explication*** : pour les trois modèles de cette catégorie, le radical de l'inaccompli et l'impératif sont semblables.

6. 2e catégorie

Érba	Rbi	Rbi	Rbou
Énsa	Nsi	Nsi	Nsou
Émché	Mchi	Mchi	Mchou
Ébké	Bki	Bki	Bkou

- *Explication* : pour constituer l'impératif de ces verbes, il suffit d'enlever le premier « **é** » du radical et de remplacer la deuxième voyelle par un « **i** » pour le masculin et le féminin, et par un « **ou** » pour le pluriel.

7. 3e catégorie

Zétt	Zétt	Zétté	Zétto
Nôtt	Nôtt	Nôtté	Nôtto
Rabbé	Rabbé	Rabbé	Rabbo
Ghâtté	Ghâtté	Ghâtté	Ghâtto

- *Explication* : pour les deux sous-catégories, l'impératif est semblable au radical de l'inaccompli. Il suffit d'ajouter un « **é** » pour le féminin (dans le cas de la catégorie 3.a) et un « **o** » pour le pluriel.

8. Exceptions

Certaines formes de verbes n'existent qu'à l'impératif. Les exemples les plus connus sont ceux du verbe venir (**éja**) : **ta3a, ta3é, ta3o** ; une forme du verbe regarder (**chouf**) : **lék, layké, layko** ; une forme du verbe donner (**3ôté**) : **hét, hété, héto.**

9. Exemples d'impératif

- **3ajjil kol** : fais vite, mange (de manger).
- **Rouh ném** : va, dors (dormir).
- **Ta3é la hon** : viens ici.
- **Féll mén wéjjé** : va de devant ma figure.
- **3tiné mâsâré** : donne-moi de l'argent.
- **Chtéghil w skot** : travaille et tais-toi.
- **Zétto l zbélé, bé 3ajalé** : jetez la poubelle, vite.
- **Rkod bé sér3a** : cours vite.

10. Exercices

- Mettre les verbes de la troisième leçon à l'impératif.
- Essayer de trouver les infinitifs et les radicaux de l'inaccompli des verbes figurant dans le texte ci-dessous.

11. Texte

Bé l sakané	À la caserne
L général : 3ayyit bé 3ajalé la l na2ib khouré, baddé éhké ma3o.	Le général : Appelle vite le capitaine Khoury, je veux lui parler.
L 3askaré : Hâdir sidna.	Le militaire : À tes ordres notre seigneur.
L général : Allo, l mâtbakh ? Jiboulé fénjén ahwé, 3ajjlo.	Le général : Allô, la cuisine ? Amenez-moi une tasse de café, faites vite.
L na2ib khouré : Na3am sidna, chou bétrid ?	Le capitaine Khoury : Oui notre seigneur, que voudrais-tu ?
L général : Khod rjélak w 3mélo hajiz bé l Achrafiyyé bé asra3 wa2ét. W éza fi châkhés ma 3ajabkoun chaklo, l2âtou.	Le général : Prends tes hommes et faites un barrage à Achrafieh au plus vite. Et s'il y a une personne dont le modèle (la tête) ne vous plaît pas, interpellez-la.
L na2ib khouré : Bé amrak sidna. Bto2morné bé chi téné ?	Le capitaine Khoury : À tes ordres notre seigneur. M'ordonnes-tu autre chose ?
L général : Abadan, bass 3ajjil rouh, w nzal l daraj 3a mahlak, ma bhébb l dâjjé.	Le général : Rien du tout, juste fais vite et va et descends lentement les escaliers, je n'aime pas le bruit.
L général : Ya 3askaré, fout la honé w jib ma3ak l ahwé, l sékkar wou l mayy, 3ayzak.	Le général : Ô militaire, rentre ici et amène avec toi le café, le sucre et l'eau, j'ai besoin de toi.

L 3askaré : Amér sidna ?	Le militaire : Des ordres notre seigneur ?
L général : Rouh ghassil l Jeep taba3é, w ba3dén nzal jib marté mnél supermarkét, w wâsséla 3a l bét. Yalla, asra3 mén héké.	Le général : Va, lave ma Jeep, ensuite descends ramener ma femme du supermarché et dépose-la à la maison. Allez, plus vite que ça.
L 3askaré : Hâdir sidna.	Le militaire : À tes ordres notre seigneur.

- ***NB*** : le terme « **sayyid** », « monsieur » en arabe littéraire, est surtout utilisé en libanais comme titre religieux dans l'islam chiite. De ce terme dérivent deux autres termes qui veulent tous les deux dire « notre seigneur », le premier est « **sidna** », il est appliqué aux officiers ; le deuxième est « **sayyédna** », il est appliqué aux évêques catholiques et orthodoxes.

Neuvième leçon : Les participes

1. Définition

Le participe, dérivé du verbe, est très utilisé en libanais comme nom et comme adjectif, et possède assez souvent une valeur verbale lorsqu'il est traduit en français. Dans ce cas, la difficulté majeure consiste à pouvoir comprendre le sens du temps qui varie parfois en fonction des verbes. Mais d'une manière générale, **le participe décrit une action qui a commencé dans le passé, qui se déroule toujours dans le présent et qui finira dans un futur proche**. Ce n'est pas tout à fait un accompli (un passé), puisque l'action se déroule toujours. Ce n'est pas tout à fait un inaccompli parce qu'une partie de l'action a déjà commencé ou est déjà finie dans le passé. Il existe deux sortes de participes : le participe actif et le participe passif qui ne correspondent pas forcément aux participes présent et passé. Le premier est plus utilisé que le deuxième qui n'existe pas pour tous les verbes. La différence entre les deux : le sujet **entreprend l'action dans le cas du participe actif** et la **subit dans le cas du participe passif**.

2. Formes

Le participe, actif ou passif, a trois formes : masculin singulier, féminin singulier et pluriel. Pour passer du masculin au féminin il faut ajouter un « **a** » ou un « **é** », et pour le pluriel, un « **i̱n** ». D'une manière générale, la différence qui existe entre le participe actif et le participe passif est la particule « **m** » ou « **ma** » qui s'ajoute au participe passif et qui signifie l'action subie. Si le participe contient déjà un « **m** » à l'actif, c'est la dernière voyelle du mot qui détermine son caractère actif ou passif. Pour l'actif ça sera un « **i** » et pour le passif un « **a** ». Pour plus de clarté, voir les tableaux plus loin. NB : les voyelles des féminins des participes ne sont pas de grandes voyelles, mais des « **t** » du féminin. Ainsi, en cas de déclinaison du participe au féminin, il faut prendre cela en considération. Exemple : **ba3édné mnazzléto 3a Bayrout** (je viens de le faire descendre à Beyrouth). **Mnazzil** est le participe actif du verbe **nazzal** (faire descendre, emmener). Le « **t** » du féminin réapparaît lorsque **mnazzlé** (participe actif féminin) est décliné : **mnazzlé** + **o** = **mnazzléto** (ou **mnazzélto** si l'on respecte la règle des trois consonnes).

3. Illustrations

Le participe actif du verbe **katab** (écrire) est **kétib** qui veut dire : écrivain (nom commun) ou écrivant (valeur verbale). Utilisé au passif **maktoub**, il est un nom commun (= lettre), mais a aussi une valeur verbale (= est écrit). Le participe actif du verbe **éja** (venir) est **jéyé**. Il a une valeur verbale dans une telle phrase : **ana jéyé la 3éndak**, qui se traduit en français par « je viens chez toi », ou littéralement par « je suis venant chez toi ». L'action de venir, commencée dans le passé, se déroule toujours dans le présent et finira dans un futur éventuellement proche.

4. Modèles de conjugaison

Les tableaux ci-dessous se réfèrent à ceux de la septième leçon. Nous allons constituer les participes à partir de l'accompli. Ainsi, le premier mot dans les tableaux est le verbe à l'accompli, le deuxième est le participe actif masculin et le troisième est le participe passif masculin, s'il existe. À chaque fois que vous avez besoin de constituer un participe, il faudra faire référence aux modèles ci-dessous et procéder selon la même logique.

1re catégorie a

Il existe quatre modèles :

<table>
<tr><td>Rakâd : rékid/ -
Katab : kétib/maktoub
Akal : ékil/ma2koul</td></tr>
<tr><td>3allam : m3allim/m3allam
Nazzal : mnazzil/mnazzal
Kabbar : mkabbir/mkabbar</td></tr>
<tr><td>Séfar : mséfir/mséfar
Ghédar : mghédir/mghédar
Jédal : mjédil/mjédal</td></tr>
<tr><td>Tjawwaz : métjawwiz/métjawwaz
T3allam : mét3allim/mét3allam
Tdarrab : métdarrib/métdarrab</td></tr>
</table>

1re catégorie b

Il existe un modèle :

Tôli3 : tâli3/ -
Nézil : nézil/ -
Hôfiz : hâfiz/mâhfouz
Lébis : lébis/malbous

1re catégorie c

Il existe trois modèles :

Râh : râyih/-	Târ : tâyir/-	Ném : néyim/-
2al : 2ayil/mén2al	Sâr : sâyir/-	

2e catégorie

Il existe un modèle :

Nésé : nésé/ménsé	Méché : méché/-
Ghéfé : ghéfé/-	Béké : béké/-

- ***Remarque*** : les féminins des participes qui se terminent au masculin par « **é** » se constituent de la sorte : **ménsé/ménsiyyé**, **béké/békyé**.

3e catégorie a

Il existe deux modèles :

Zatt : zétit/maztout	Zâtt : zâtit/-
Batt : bétit/mabtout	Nâtt : nâtit/-
Madd : médid/mamdoud	Ghâtt : ghâtit/-

3e catégorie b.

Il existe un modèle :

Ghâtta : mghâtté/mghâtta
Rabba : mrabbé/mrabba

- ***Les verbes décrivant un état***, comme « avoir soif » ou « avoir faim », ont en général des participes qui se constituent de la sorte :

Jé3 (avoir faim) : jé3an/-
3ôtich (avoir soif) : 3ôtchén/-
Sékir (être ivre) : sékran/-

Né3is (avoir sommeil) : né3sén/-
Té3ib (être fatigué) : té3bén/-
Yé2is (être désespéré) : yé2sén/-
Zéhi2 (s'ennuyer) : zéh2an/-

- *Exemples* : **ana jé3an** (j'ai faim) ; **marté té3béné** (ma femme est fatiguée) ; **ahlé né3sénin** (mes parents ont sommeil).

- *NB* : lorsque le participe a la valeur d'un nom commun, son pluriel est différent. Prenons l'exemple de **maktoub** (du verbe **katab** : écrire). En tant que valeur verbale, ce terme veut dire : ce qui est écrit. Exemple : **hayda l ktéb maktoub mén miyyit séné** (ce livre a été écrit il y a cent ans). **Maktoub** veut aussi dire « lettre ». Dans ce cas, le pluriel ne serait plus celui de l'aspect verbal, mais le pluriel de « lettre » qui est **mkétib**. Tous les participes n'ont pas valeur de nom commun. Ce sont surtout les participes ayant une valeur verbale qui nous intéressent. Comme noms communs, ils ne sont que du vocabulaire à retenir.

5. Astuces

Pour dire « je viens de… », il faut utiliser **ba3édné** (encore moi) + participe actif. Exemples : **ba3édné ékil** (je viens de manger), **ba3édné jéyé** (je viens de venir), **ba3édné nézil** (je viens de descendre). Utilisé avec les participes des verbes décrivant un état, le sens est différent : **ba3édné jé3an** (j'ai encore faim), **ba3dné 3ôtchén** (j'ai encore soif).

6. Texte

Charbel : Sâbâho Antoun, kifak ? Méchté2in ya zalamé !	Charbel : Bonjour Antoun, comment vas-tu ? Tu nous manques ô homme !
Tony : W ana kamén méchta2lak. Chou, mén wén jéyé ?	Tony : Toi aussi tu me manques. Alors, d'où viens-tu ?
Charbel : Wallah kénét rayih 3a l bahér bass ghayyarét fékré.	Charbel : J'allais à la plage mais j'ai changé d'avis.

Tony : Bétdâllak mghayyir fékrak. Méch ma32oul énta.	Tony : Tu es toujours changeant ton avis. Tu es impossible.
Charbel : La2 ya zalamé, chou méch chéyif él tâ2és ?	Charbel : Non ô homme, ne vois-tu pas le climat ?
Tony : Mbala, bass haram énta, 3âtoul méch zâbta ma3ak.	Tony : Si, mais pauvre de toi, toujours les choses ne vont pas bien pour toi.
Charbel : Baddé éb3at mkétib la ra2is él joumhouriyyé w 2éllo fiyoun énno yzâbbétlé l tâ2és.	Charbel : Je veux envoyer des lettres au président de la république et lui (y) dire qu'il me répare le climat.
Tony : B3atlo email, méch asra3 ?	Tony : Envoie-lui un email, n'est-ce pas plus rapide ?
Charbel : Fékértak hélwé, bass manné mawhoub bé l informatique.	Charbel : Ton idée est belle, mais je ne suis pas doué en informatique.
Tony : Fattich 3a m3allmé tsé3dak.	Tony : Cherche une institutrice qui t'aide(ra).
Charbel : Halla2 méch fâdé, bass bé awwal fôrsa akid.	Charbel : Maintenant je n'ai pas le temps, mais à la première occasion, certainement.
Tony : Ktir mnih. Chou ra2yak halla2 bé fénjén ahwé ?	Tony : Très bien. Que penses-tu maintenant (si nous buvions) une tasse de café ?
Charbel : Wlouk akid, tamém !	Charbel : Mais bien sûr, excellent !

7. Exercices

- Former les participes des verbes de la troisième leçon.
- Essayer de trouver les infinitifs, les radicaux de l'inaccompli et les impératifs des verbes figurant dans le texte précédent.

Dixième leçon : Conjugaison et déclinaison

Ceci est probablement la leçon la plus compliquée, puisqu'il est un peu ardu de retenir d'un premier abord tous ses détails. Il est ainsi recommandé d'y recourir dès que nécessaire et de l'étudier plusieurs fois.

1. Principe

Comme mentionné à la première leçon, la déclinaison possessive par annexion du pronom personnel et la conjugaison sont les clefs grammaticales essentielles du dialecte libanais. La plus grande difficulté est dans la déclinaison des verbes (qui sont déjà conjugués). C'est ce que va essayer de clarifier cette leçon.

2. Rappel

La déclinaison possessive par annexion du pronom personnel s'effectue en ajoutant au mot décliné : « **é** », « **ak** », « **ik** », « **o** », « **a** », « **na** », « **koun** », « **oun** ». La déclinaison d'un verbe est presque semblable, avec l'exception de la première personne : **au lieu de décliner avec « é », on décline avec « né »**. Il existe une manière particulière de la déclinaison au singulier (la déclinaison de **fi**). Cette déclinaison a lieu lorsque la voyelle à la fin du mot n'est pas le signe du féminin (en arabe, les mots féminins se terminent en général par un « **t** » du féminin qui est prononcé « **é** » ou « **a** » en libanais). Ces « **é** » (ou une autre voyelle parfois) qui ne sont pas des « **t** » du féminin en arabe, mais de grandes voyelles (**aléf, waw** ou **yé**), sont facilement repérables : ils existent à la fin des particules verbales, des verbes conjugués ou des noms qui prennent des voyelles au pluriel (comme **karasé** : chaises). Par conséquent nous obtenons la déclinaison particulière suivante : « **né** » (ou « **yyé** »), « **k** », « **ké** », « - » (dernière voyelle allongée), « **(y)a** », « **na** », « **koun** », « **(y)oun** » (au pluriel, pas de changement par rapport à la déclinaison classique).

3. Exemples de la déclinaison particulière : « 3ala » (sur) et **« karasé »** (chaises)

3(a)la**yyé**	Sur moi	Karasi**yyé**	Mes chaises
3(a)lé**k**	Sur toi	Karasi**k**	Tes chaises
3(a)lay**ké**	Sur toi	Karasi**ké**	Tes chaises
3(a)l**é**	Sur lui	Karas**i**	Ses chaises
3(a)la**ya**	Sur elle	Karasi**ya**	Ses chaises
3(a)lay**na**	Sur nous	Karasi**na**	Nos chaises
3(a)lay**koun**	Sur vous	Karasi**koun**	Vos chaises
3(a)la**youn**	Sur eux/elles	Karasi**youn**	Leurs chaises

Trois choses sont à relever dans ce tableau :
a. Les « **y** » ajoutés aux troisièmes personnes ne sont là que pour faciliter la lecture de la prononciation.
b. Le « **é** » qui est la dernière lettre de **karasé** et qui est en arabe une grande voyelle, se transforme en « **i** » durant la déclinaison. Pour les règles de transformation, voir la « règle d'or » au point 22 de cette leçon.
c. À la deuxième personne du féminin singulier, nous avons décliné 3(a)**lay**ké (la prononciation du premier « a » est facultative) et pas 3(a)l**é**ké en application de la règle de contraction. Cela est aussi le cas du pluriel.

4. Déclinaison des verbes

Les verbes peuvent être déclinés, c'est-à-dire que le complément d'objet, peut s'y annexer en tant que pronom personnel. Exemple : je veux manger la pomme = je veux la manger = **baddé ékél*a*.** Pour plus de clarté, nous allons décliner les verbes en ayant à chaque fois, comme point de départ, une personne grammaticale. Le verbe de référence que nous allons utiliser est **nazzal** (faire descendre, dans le sens où l'on fait subir l'action à quelqu'un ou à quelque chose) qui est différent du verbe **nézil** qui veut dire descendre. Exemples pour souligner la différence des deux verbes : **nazzalét él zbélé** (j'ai fait descendre la poubelle, dans le sens de : j'ai descendu la poubelle) et **Mhammad nézil 3an él sélloum** (Mohamad est descendu de l'échelle). NB : lorsque nous déclinons un verbe, la voyelle qui était la dernière voyelle du verbe se transforme en général (à l'exception de la première personne et de la deuxième personne du masculin singulier) selon la « règle d'or » (point 22). Cette règle est nécessaire pour la déclinaison d'un verbe ou d'un nom se terminant par une grande voyelle.

5. Déclinaison à partir de la 1re personne du singulier de l'accompli : **Ana nazzalét**

Nazzalt**ak** : je t'ai fait descendre	Nazzalt**koun** : je vous ai fait descendre
Nazzalt**ik** : je t'ai fait descendre	Nazzalt**oun** : je les ai fait descendre
Nazzalt**o** : je l'ai fait descendre	
Nazzalt**a** : je l'ai fait descendre	

- ***Exemple*** : **mbérih nazzaltoun 3a Bayrout** (hier, je les ai fait descendre [sous-entendu en voiture] à Beyrouth).

6. Déclinaison à partir de la 2e personne du masculin singulier de l'accompli : **Énta nazzalét**

Nazzalt**né** : tu m'as fait descendre	Nazzalt**na** : tu nous as fait descendre
Nazzalt**o** : tu l'as fait descendre	Nazzalt**oun** : tu les as fait descendre
Nazzalt**a** : tu l'as fait descendre	

- ***Exemple*** : **nazzaltoun mnél jabal** (tu les as fait descendre de la montagne).

7. Déclinaison à partir de la 2e personne du féminin singulier de l'accompli : **Énté nazzalté**

Nazzalt**iné** : tu m'as fait descendre	Nazzalt**ina** : tu nous as fait descendre
Nazzalt**i** : tu l'as fait descendre	Nazzalt**iyoun** : tu les as fait descendre
Nazzalt**iya** : tu l'as fait descendre	

- ***Remarque*** : à la deuxième personne du féminin singulier, le « **é** » à la fin du verbe est une grande voyelle. Il faut donc décliner de la manière particulière au singulier, selon le modèle de « **fi** ». Ainsi, le « **é** » se transforme selon la règle d'or en « **i** » (non allongé dans ce cas particulier). ***Exemple*** : **choukrann la annik nazzaltiyoun 3a Lébnén** (merci parce que tu les as fait descendre [tu les as emmenés] au Liban).

8. Déclinaison à partir de la 3e personne du masculin singulier de l'accompli : **Houwwé nazzal**

Nazzal**né** : il m'a fait descendre	Nazzal**na** : il nous a fait descendre
Nazzal**ak** : il t'a fait descendre	Nazzal**koun** : il vous a fait descendre
Nazzal**ik** : il t'a fait descendre	Nazzal**oun** : il les a fait descendre
Nazzal**o** : il l'a fait descendre	
Nazzal**a** : il l'a fait descendre	

- ***Exemple*** : **min nazzalik mbérih 3a l madiné ?** (qui t'a fait descendre [amenée] hier à la ville).

9. Déclinaison à partir de la 3e personne du féminin singulier de l'accompli : **Hiyyé nazzalit**

Nazzalét**né** : elle m'a fait descendre	Nazzalét**na** : elle nous a fait descendre
Nazzalét**ak** : elle t'a fait descendre	Nazzalét**koun** : elle vous a fait descendre
Nazzalét**ik** : elle t'a fait descendre	Nazzalét**oun** : elle les a fait descendre
Nazzalét**o** : elle l'a fait descendre	
Nazzalét**a** : elle l'a fait descendre	

- ***Explication*** : à la troisième personne du féminin, la dernière voyelle qu'était le « **i** » se transforme en « **é** » à la déclinaison (règle d'or). ***Exemple*** : **l nâzra nazzalétna 3a l mal3ab** (la surveillante nous a fait descendre dans la cour).

10. Déclinaison à partir de la 1re personne du pluriel de l'accompli : **Néhna nazzalna**

Nazzaln**ék** : nous t'avons fait descendre	Nazzaln**ékoun** : nous vous avons fait descendre
Nazzaln**éké** : nous t'avons fait descendre	Nazzaln**éhoun** : nous les avons fait descendre
Nazzal**né** : nous l'avons fait descendre	
Nazzal**néha** : nous l'avons fait descendre	

- ***Explication*** : nous constatons qu'avec la conjugaison, le « **a** » de la terminaison se transforme en « **é** » (règle d'or). Ce « **é** », grande voyelle en arabe, se décline comme le modèle de « **fi** ».

11. Déclinaison à partir de la 2e personne du pluriel de l'accompli : **Énto nazzalto**

Nazzalt**ouné** : vous m'avez fait descendre	Nazzalt**ouna** : vous nous avez fait descendre
Nazzalt**ou** : vous l'avez fait descendre	Nazzalt**ouwoun** : vous les avez fait descendre
Nazzalt**ouwa** : vous l'avez fait descendre	

- ***Explication*** : la déclinaison d'un verbe se terminant par « **o** », transforme ce dernier en « **ou** » (règle d'or). Ce « **o** », grande voyelle en arabe, se décline comme le modèle de « **fi** ».

12. Déclinaison à partir de la 3e personne du pluriel de l'accompli : **Hénné nazzalo**

Nazzal**ouné** : ils m'ont fait descendre	Nazzal**ouna** : ils nous ont fait descendre
Nazzal**ouk** : ils t'ont fait descendre	Nazzal**oukoun** : ils vous ont fait descendre
Nazzal**ouké** : ils t'ont fait descendre	Nazzal**ouwoun** : ils les ont fait descendre
Nazzal**ou** : ils l'ont fait descendre	
Nazzal**ouwa** : ils l'ont fait descendre	

13. La déclinaison avec « élé », « élak », « élik »...

« **Élé** » veut dire « à moi », « **élak** » à toi, etc. Lorsque ces particules s'annexent aux verbes, elles se déclinent aussi et **perdent leur première voyelle à certains temps** (voir les tableaux ci-dessous). Leur utilisation est très fréquente et le sens du verbe décliné de la sorte (déclinaison indirecte) est différent du sens qu'il a en déclinaison directe (« **né** », « **ak** », « **ik** », etc.).

- ***Exemple*** : **nazzal*né*** (il a descendu moi = il m'a descendu) est différent de **nazzal*lé*** (il a descendu à moi = il a fait la chose pour moi) ; **d̲ârâb*né*** (il a frappé moi = il m'a frappé) est différent de **d̲ârâb*lé*** (il a frappé à moi = il a frappé pour moi [quelqu'un]). Dans le premier cas, je suis concerné par l'action d'une manière directe, alors que dans le deuxième cas, l'action est faite pour moi, en mon nom, mais c'est une tierce personne qui la subit. Pour comprendre comment la combinaison s'effectue, nous allons prendre comme référence le verbe **2a̲l** (dire), le conjuguer et le décliner à toutes les personnes comme avec **nazzal**. Ce verbe sera le verbe modèle de référence pour toutes les déclinaisons avec « **élé** ». Nous ne nous étendrons pas sur les explications des transformations de prononciation puisqu'elles sont semblables à celles déjà vues. Au besoin, se référer aux exemples précédents.

14. Déclinaison à partir de la 1re personne du singulier de l'accompli avec « élé »

Ana 2élét = ana 2éltéllak (j'ai dit à toi = je t'ai dit)

2él**téllak**/2él**téllik**	2él**télkoun**
2él**téllo**/2él**télla**	2él**télloun**

15. Déclinaison à partir de la 2e personne du masculin de l'accompli avec « élé »

Énta 2élét = énta 2éltéllé (tu m'as dit)

2él**téllé**	2él**téllna**
2él**téllo**/2él**télla**	2él**télloun**

16. Déclinaison à partir de la 2e personne du féminin singulier de l'accompli avec « élé »

Énté 2élté = énté 2éltilé (tu m'as dit)

2éltilé	2éltilna
2éltilo/2éltila	2éltiloun

17. Déclinaison à partir de la 3e personne du masculin singulier de l'accompli avec « élé »

Houwwé 2al = houwwé 2allé (il m'a dit)

2al**lé**	2al**lna**
2al**lak**/2al**lik**	2al**lkoun**
2al**lo**/2al**la**	2al**loun**

18. Déclinaison à partir de la 3e personne du féminin singulier de l'accompli avec « élé »

Hiyyé 2alit = hiyyé 2alétlé (elle m'a dit)

2alét**lé**	2alét**lna**
2alét**lak**/2alét**lik**	2alét**lkoun**
2alét**lo**/2alét**la**	2alét**loun**

19. Déclinaison à partir de la 1re personne du pluriel de l'accompli avec « élé »

Néhna 2élna = néhna 2élnélak (nous t'avons dit)

2éln**élak**/2éln**élik**	2éln**élkoun**
2éln**élo**/2éln**éla**	2éln**éloun**

20. Déclinaison à partir de la 2e personne du pluriel de l'accompli avec « élé »

Énto 2élto = énto 2éltoulé (vous m'avez dit)

2élt**oulé**	2élt**oulna**
2élt**oulo**/2élt**oula**	2élt**ouloun**

21. Déclinaison à partir de la 3e personne du pluriel de l'accompli avec « élé »

Hénné 2alo = hénné 2aloulé

2al**oulé**	2al**oulna**
2al**oulak**/2al**oulik**	2al**oulkoun**
2al**oulo**/2al**oula**	2al**ouloun**

22. La règle d'or

Tous les tableaux ci-dessus exposent les déclinaisons des verbes à l'accompli. Ces tableaux sont essentiels pour voir les différentes modalités de déclinaison. Toutefois, il sera trop long d'illustrer tous les tableaux possibles à partir de l'inaccompli, de l'impératif et des participes. Il suffit, en général, de convertir les dernières voyelles initiales des verbes déclinés de la sorte :

o → ou
ou → é
é → i
i → é
a → é

- ***NB*** : il y a parfois des cas où la règle d'or ne s'applique pas tout à fait, comme avec les verbes qui, à la troisième personne du masculin singulier de l'accompli, se termine par un « é ». Dans ce cas, il suffit d'allonger la dernière voyelle sans la changer. Par exemple : il m'a oublié = **nésééné** et pas **nésiné.**

Exemples :

o → ou : Ils lui ont mangé son dîner = ils ont mangé à lui son dîner. C'est à partir de « akal**o** » qu'il faut décliner avec le « **lo** » (à lui). Donc, annexion de « **lo** » en modifiant la dernière voyelle initiale du verbe conjugué : akal**ou**lo 3aché (pour 3acha, application de la règle de déclinaison au modèle de **fi**).

ou → é : Dis-moi (je m'adresse à un homme) : **2oul** + **lé** (à moi) = 2**é**llé.

é → i : Indique-moi le chemin (je m'adresse à une femme) : **Déllé** + **né** = déllìné **3a l daréb**.

i → é : Elle m'a frappé : **dârâbit** + **né** = dârâb**é**tné. Elle a cuisiné pour moi : **tâbâkhit** + **lé** = tâbâkh**é**tlé.

a → é : Nous t'avons bu ton vin : **chrébna** + **lak** = chrébnélak nbidak. Nous t'avons mangé ton poulet : **akalna** + **lik** = akaln**é**lik farroujik.

23. Lettres de liaison de la déclinaison d'un verbe

Vous avez peut-être constaté trois genres de transformations des verbes déclinés à la leçon 10, sans les comprendre :

Nazzalt**iya** : tu l'as fait descendre
Nazzal**néha** : nous l'avons fait descendre
Nazzalt**ouwa** : vous l'avez fait descendre

D'où viennent les trois lettres, **y**, **h** et **w**, qui se sont rajoutées entre le verbe et la déclinaison ? Elles sont là – et obligatoires – pour faciliter la prononciation.
- Lorsque le verbe se termine par « **é** », ce qui est le cas de **nazzalté**, il faut rajouter un « **y** » pour faciliter la liaison après l'application de la règle d'or. Ainsi le « **é** » donne « **iya** ».
- Lorsque le verbe se termine par « **a** », ce qui est le cas de **nazzalna**, il faut rajouter un « **h** » pour faciliter la liaison après l'application de la règle d'or. Ainsi le « **a** » donne « **éha** ».
- Lorsque le verbe se termine par un « **o** », ce qui est le cas de **nazzalo**, il faut rajouter un « **w** » pour faciliter la liaison après l'application de la règle d'or. Ainsi, le « **o** » donne « **ouwa** ».

Onzième leçon : Notions diverses

1. « Kén »

Kén (être) est en libanais un verbe et non un auxiliaire. Il a une fonction très particulière en plus de l'utilisation normale de verbe qu'il peut avoir : il permet de mettre un sens, un autre verbe ou une phrase au passé. Exemples :

a. Accompli : **mbérih ma kénét bé l bét** (hier je n'étais pas à la maison).
b. Inaccompli (futur) : **ma rah koun bé l bét boukra** (je ne serai pas à la maison demain).
c. Impératif : **koun honé l sé3a 3achra** (sois ici à dix heures).
d. Utilisé avec les mots à caractère verbal, il les met à l'imparfait : **kén baddé** (je voulais).
e. Utilisé avec un accompli, il met le verbe au conditionnel : **law ma kénét honé, ma kénét akalét** (si tu n'étais pas là, je n'aurais pas mangé).
f. Utilisé avec un inaccompli/présent immédiat, il correspond à l'imparfait : **kénét 3am békoul** (j'étais en train de manger/je mangeais).
g. Utilisé avec un inaccompli/futur, il correspond à : **kén baddé rouh** (je voulais partir) et **kénét rah rouh** (j'allais partir).
h. Utilisé avec un participe actif, il correspond à l'imparfait : **kénét rayih** (je partais).

- ***Remarque*** : si **kén** est suivi d'un mot à caractère verbal qui indique explicitement la personne, il reste à la troisième personne du masculin singulier à tous les temps : **kén baddé**, **kén baddoun yéklo**. S'il est suivi de **3am** ou **rah**, il faut le conjuguer à la personne correspondante pour savoir de quelle personne il s'agit : **kénét 3am békoul**, **kéno rah yrouho**.

2. « Sâr »

Sâr (devenir), peut être utilisé pour son sens propre. Mais en plus de cela, il est essentiellement utilisé pour signifier un changement de situation :

a. Accompli : **sôrét ghané** (je suis devenu riche).
b. Inaccompli : **rah sir hakim** (je vais devenir médecin).
c. **Sâr** pour indiquer un changement : **ma kén baddé ékoul w halla2 sâr baddé ékoul** : je ne voulais pas manger et maintenant (il devient que) je veux manger.

- *Exemples :* **chou sâr ?** : que s'est-il passé ? ; **chou sâyir ?** : que se passe-il (actuellement et qui se passe encore au moment où on le constate) ? ; **wén sôrét ?** : où es-tu maintenant (en supposant qu'on attend la personne) ? ; **chou bysir éza ma jit ?** : qu'arrive-t-il si je ne viens pas ? ; **sârlé sé3a honé** : je (deviens) suis là depuis une heure ; **sârlak chi ?** : se dit à une personne qui vient d'avoir un problème, qui vient de tomber par exemple. Cette expression a le sens de « tout va bien ? » ou « as-tu été atteint par quelque chose ? ».

3. Taba3

Taba3 est un pronom personnel qui veut dire « celui de » ou « le mien » et qui peut parfois remplacer la déclinaison, surtout quand le mot est d'origine étrangère. Au lieu de dire « **bayté** », il est possible de dire « **l bét taba3é** » (la maison celle de moi = ma maison). Il existe au masculin, au féminin, au pluriel et il se décline classiquement.

Masculin	*Féminin*	*Pluriel*
Taba3é	**Tab3ité**	**Tab3oulété**
Taba3ak	**Tab3itak**	**Tab3oulétak**
Taba3ik	**Tab3itik**	**Tab3oulétik**
Taba3o	**Tab3ito**	**Tab3ouléto**
Taba3a	**Tab3ita**	**Tab3ouléta**
Taba3na	**Tab3itna**	**Tab3oulétna**
Taba3koun	**Tab3itkoun**	**Tab3oulétkoun**
Taba3oun	**Tab3itoun**	**Tab3oulétoun**

- *Exemples* :
- **Hayda l méftéh taba3é aw taba3ik ?** : c'est la clef de moi ou la clef de toi = est-ce ma clef ou la tienne ?
- **Haydé siyyarétna** ou **haydé l siyyara tab3itna** : c'est notre voiture.

- **Hayda l jeep taba3é** : c'est ma jeep.
- **Khod tab3oulétoun !** : prends les leurs !
- **Haydé l ôssa tab3ité** : c'est mon histoire.

4. Yéné

Un mot ne peut pas être décliné plus d'une fois. Ainsi, si l'on a besoin d'ajouter à un mot déjà décliné un autre pronom personnel, celui-ci sera porté par la particule « **yé** » qui se décline de la sorte : **yéné, yék, yéké, yé, yéha, yéna, yékoun, yéhoun**.

- *Exemples* :
- **Baddak yéné rouh ?** : tu veux que (moi) j'aille ?
- **Baddé yék tékoul mnih** : je veux que tu manges bien.
- **Baddoun yéna néjé** : ils veulent que nous venions.
- **Badda yéné étjawwaza** : elle veut que je l'épouse.
- **Dârâbtéllak yé** : je te l'ai frappé (j'ai frappé pour toi lui).
- **Ma 2dérét 3tâyto yé** : je n'ai pas pu le lui donner.
- **3ti yéhoun** : donne-les lui.
- **Akhadlé yéha** : il me l'a prise.

5. Yallé

Yallé veut dire « celui qui », « celle qui » et « ceux qui ».

- *Exemples* :
- **L chabb yallé honé** : le jeune homme qui est ici.
- **L war2a yallé 3a l tâwlé** : la feuille qui est sur la table.
- **L byout yallé bé l jabal** : les maisons qui sont à la montagne.

6. « Ma » en tant que « que »

Normalement, le « **ma** » est utilisé en libanais pour signifier la négation. Toutefois, cette particule, collée à certains termes, signifie « que ».

- *Exemples* :
- **Abél** : avant ; **abélma** : avant que.
- **Kéll** : tout ; **kéllma** : à toute (chaque) fois que.
- **Ba3éd** : après ; **ba3édma** : après que.
- **Add** : autant ; **addma** : autant que.

7. L'impératif négatif

Pour dire « ne mange pas », « ne bois pas », il faut utiliser l'impératif négatif qui se forme de la sorte :

ma + subjonctif

- Ne mange pas : **ma tékoul**.
- Ne bois pas : **ma téchrab**.
- Ne pars pas : **ma trouh**.
- Ne viens pas : **ma téjé**.

8. La tournure passive des verbes

La construction des verbes en langue arabe est très complexe. Le parler libanais en hérite plusieurs modalités, dont la possibilité de créer des tournures passives des verbes. Faites la différence entre ces deux phrases :
- **Ahlé sakano bé ha l bét bé l sab3inét** (mes parents ont habité dans cette maison dans les années soixante-dix).
- **Ha l bét nsakan bé l sab3inét** (cette maison a été habitée dans les années soixante-dix).

Nsakan (être habité) est la forme passive du verbe **sakan** (habiter). La construction de la tournure passive, possible pour une bonne partie de verbes, se fait en général par l'ajout du « **n** » ou du « **t** » au début du mot, et par les deux voyelles qui doivent être des « **a** ». Les tableaux modèles suivants illustrent les transformations :

1re catégorie

Katab : nkatab/énkétib	Hézir : nhazar/énhézir
Sara2 : nsara2/énséri2	Rah : nrah/énrah
Chérib : ncharab/énchérib	2al : n2al/én2al

- ***Exemples :***
- **Ha l binéyé nsara2it mén séné** (cet immeuble a été volé il y a un an).
- **Ha l 2anniné ncharabit mbérih 3achiyyé** (cette bouteille a été bue hier soir).
- **Hayda chi n2al** (c'est quelque chose qui a été dit).
- **Ma byénrah 3a ha l mahal** (il ne se va pas à cet endroit ; dans le sens de : cet endroit n'est pas fréquentable).

2e catégorie

Nésé : nnasa/énnasa Hémé : nhama/énhama	Méché : nmacha/énmacha Béké : nbaka/énbaka

- ***Exemples :***
- **Ha l ôssa nnasit** (cette histoire a été oubliée).
- **Ha l târi2 ma byénmacha 3laya mén zamén** (cette route ne peut être marchée [ne peut être empruntée] depuis longtemps).

3e catégorie

Zatt : nzatt/énzat 3âdd : n3âdd/én3âdd	Rabba : trabba/étrabba Ghâtta : tghâtta/étghâtta

- ***Exemples :***
- **L zbélé nzattit mbérih** (la poubelle a été jetée hier).
- **Khayyé trabba bé Bayrout** (mon frère a été élevé à Beyrouth).

9. « Faire faire » : une forme utile des verbes arabes augmentés

Il est possible d'augmenter les verbes en langue arabe, de sorte à obtenir le sens de « faire faire », qui se dit **fa33al/fa33il**, et qui est le verbe de référence pour construire ce modèle de verbe. Faites la différence entre ces deux phrases :
- **L walad chérib 3âsir** (l'enfant a bu du jus).
- **L bayy charrab ébno 3âsir** (le père a fait boire son fils du jus).

Charrab est la forme augmentée du verbe **chérib**, dans le sens de « faire boire », selon le modèle de **fa33al**. Pour construire ce modèle, il faut en général doubler la consonne du milieu, et s'assurer que les deux voyelles sont des « **a** ». Les tableaux modèles suivants illustrent les transformations :

1re catégorie

Katab : kattab/kattib Rakâd : rakkâd/rakkid Chérib : charrab/charrib	Hézir : hazzar/hazzir Ném : nayyam/nayyim Zar : zawwar/zawwir

- ***Remarque :*** lorsque les verbes se composent d'une syllabe, ce qui est le cas de la catégorie 1.c, des « **yy** » sont appelés en renfort lorsque la voyelle initiale du verbe est un « **é** », et des

« **ww** » lorsque la voyelle initiale du verbe est un « **a** ». Ce sont les cas de **ném** et de **zar**.

- ***Exemples :***
- **Sâhbé zawwarné bayto** (mon ami m'a fait visiter sa maison).
- **Charrabouné whiskey mén Irlanda** (ils m'ont fait boire du whiskey de l'Irlande).

2e catégorie

Nésé : nassa/nassé	Méché : machcha/machché

- ***Exemples :***
- **Nasséné chou kén baddé 2oul** (il m'a fait oublier ce que je voulais dire).
- **Jaré machcha kalbo** (mon voisin a fait marcher [a sorti] son chien).

3e catégorie

Zatt : zattat/zattit	Nâtt : nâttât/nâttit

- ***Remarque :*** les verbes de la catégorie 3.b sont construits sur le modèle de **fa33al**. Il faut les prendre tels quels.
- ***Exemples :***
- **Zattatné l zbélé** (il m'a fait jeter la poubelle).
- **Nâttâtétné fo2 él hét** (elle m'a fait sauter au-dessus du mur).

NB : parfois il est difficile de saisir le sens des verbes selon le modèle de **fa33al**, car il pourrait sembler ne pas différer du verbe initial, comme par exemple **kasar** (casser) et **kassar** (faire casser). Si le premier verbe revêt le sens de « casser », le second signifie le fait de casser en plusieurs morceaux (il y a une insistance), et d'une manière délibérée. Les verbes s'inscrivant dans le même cas de figure revêtent le même sens. Exemples : **l hawa kasar él chébbék** (le vent a cassé la fenêtre ; tout simplement) ; **l haramé kassar l chébbék** (le voleur a cassé la fenêtre ; en mille morceaux, et de manière délibérée, pour rentrer dérober la maison).

Douzième leçon : Les formules de politesse

Remarque générale concernant les tableaux des verbes
Pour chaque thème traité, il y aura au début de la leçon un tableau de verbes. Les formes qui s'y trouveront sont les formes essentielles et nécessaires pour toutes les conjugaisons possibles. Il y aura le verbe à « l'infinitif », c'est-à-dire à la troisième personne du masculin singulier de l'accompli (**Ac.**) ; le radical de l'inaccompli (**Ina.**) ; le masculin singulier de l'impératif (**Imp.**) ; le masculin singulier du participe actif (**P.a.**) ; le masculin singulier du participe passif (**P.p**) ; et le mâsdâr (**Mdr**) qui veut dire le nom de l'action (par exemple, pour le verbe écrire, **katab**, le nom de l'action est : écriture, **kitébé**).

1. Verbes

	Souhaiter la bienvenue	*Féliciter*	*Saluer*	*Être content*
Ac.	Rahhab	Hanna	Sallam	Nbâsât
Ina.	Rahhib	Hanné	Sallim	Ônbôsit
Imp.	Rahhib	Hanné	Sallim	Nbôsit
P.a.	Mrahhib	Mhanné	Msallim	Bâsit
P.p.	Mrahhab	Mhanna	Msallam	Mâbsout
Mdr	Térhib	Téhnéyé	Téslim	Bâsét

Le verbe « **sallam** » est toujours suivi de la particule « **3a** » ou « **3ala** ». Exemples : **tâli3 3a bélak trouh tsallim 3a âshabé** (as-tu envie d'aller saluer mes amis) **?** ; **sallim ktir 3a ahlak w 2élloun énné chta2télloun** (salue beaucoup tes parents [de ma part] et dis-leur qu'ils m'ont beaucoup manqué). **Mbérih jarté sallamit 3layyé** (hier ma voisine m'a salué).
Le verbe « **rahhab** » est suivi de la particule « **fi** » ou « **bé** ». Exemples : **ana brahhib fik bé bayté** (je te souhaite la bienvenue dans ma maison) ; **baddé rahhib bé bayyak** (je veux souhaiter la bienvenue à ton père) ; **ma hadan rah yrahhib bé l m3ézim ?** (personne ne va saluer les invités ?).

	Être enchanté	*Prier (je t'en prie)*	*Remercier*	*Consoler*
Ac.	Tcharraf	Tfâddâl	Chakar	3azza
Ina.	Étcharraf	Étfâddâl	Échkour	3azzé
Imp.	Tcharraf	Tfâddâl	Chkor	3azzé
P.a.	Métcharrif	Métfâddil	Chékir	M3azzé
P.p.	Métcharraf	Métfâddâl	Machkour	M3azza
Mdr	Tacharrouf	Tafâddoul	Chékér	3aza

Le verbe « **tcharraf** » est toujours suivi de la particule « **bé** ». Exemple : **tcharrafét bé ma3réftak** (je suis enchanté par ta connaissance).

2. Vocabulaire

Remerciement

Choukrann : merci. Toutefois, il est souvent plus fréquent d'entendre au Liban « merci » (avec un « r » roulé) et « thanks », plutôt prononcé avec un « t » qu'avec un « th ».

Mamnoun : je suis reconnaissant. Déclinaison : **mamnounak, mamnounik**, etc.

Yéslamo dayyétak (ou **idék**) ou en abréviation **yéslamo** tout simplement. **Idék** ou **dayyétak** est le pluriel de **id** (main) décliné à la deuxième personne du masculin singulier. **Yéslamo** vient du verbe **sélim** qui veut dire « être sauf ». **Yéslamo** est conjugué à la troisième personne du pluriel de l'inaccompli, il signifie un futur. Cette expression veut ainsi dire : « Que tes mains soient sauves ». Généralement utilisée pour remercier quelqu'un qui rend un service manuel.

Néchkour Allah : nous remercions Dieu.

Encouragement

Allah ya3tik él 3afyé ou **ya3tik él 3afyé** : que Dieu te donne la santé (ou la force). Formule adressée par exemple à une personne qui travaille.

Allah y2awwik : que Dieu te fortifie. **2awwa** : fortifier.

Réception

Ahla w sahla ou **ahla** : bienvenue.

Tcharrafna bé hadértak ou **tcharrafna** : nous sommes enchantés par ta présence, ou nous sommes enchantés. La formule entière est une formule majeure de politesse, puisqu'elle inclut le terme **hadertak** (ta présence) qui souligne une profonde estime pour la personne à qui l'on s'adresse.

Mariage

Faréhtak, faréhtik, etc. : littéralement, ta joie. C'est dans le sens de : en attendant ta joie. La joie est ici le jour du mariage. On dit cette phrase aux célibataires pour les remercier d'un service rendu par exemple.

Mabrouk : félicitations. Du verbe **bérak** : bénir. Dans le sens de : il est béni par Dieu. Cette formule utilisée dans les mariages peut être dite en toutes circonstances où l'on voudrait féliciter quelqu'un. Cela pourrait concerner un achat ou l'obtention d'un diplôme.

3a 2bélak : en attendant ton tour. Exemple : j'annonce à ma cousine célibataire ma date de mariage en lui disant « **3a 2bélik** ». Comme pour **mabrouk**, cette formule concerne de même d'autres circonstances que le mariage. Il est courant de dire **3a 2bél faréhtak**.

Condoléances

Allah yérhamo : que Dieu ait miséricorde pour lui.

Adresse

Mén fâdlak ou **3mol ma3rouf** : s'il te plaît.

Baddé 3azzbak veut littéralement dire : je veux te torturer ou t'importuner. C'est dans le sens de « s'il te plaît ».

Éza btésmah : si tu permets.

Tékram 3aynak ou **yékramo 3younak** (ou **3inék**) : que soit honoré ton œil, ou que soient honorés tes yeux. Dans le sens de : je t'en prie (qu'on adresse à quelqu'un qui demande un service). **Tékram** tout court se dit aussi.

Tahiyyé mnél 2aléb : une salutation du cœur.

Hâdrit él moudir : Monsieur (« présence » littéralement) le directeur.

Divers

Ntébih la halak : fais attention à toi. Se dit en partant.

La twékhézné ou **bé3tézir** : excuse-moi.

Bé khâtrak : au revoir (se dit par la personne qui part).

Ma3 él salémé : au revoir (se dit par la personne qui reste).

Allah ybérik : que Dieu bénisse, comme « God bless ».

3. Texte

Élie : Allah ma3ak ya sayyid 3alé, kif hadértak ?	Élie : Que Dieu soit avec toi Monsieur Ali, comment vas-tu ?
3alé : Ktir mnih néchkour Allah, w énta ?	Ali : Très bien nous remercions Dieu, et toi ?
Élie : Jéyé 2éllak choukrann 3a yallé 3mélto mbérih, w baddé khabbrak khabriyyé.	Élie : Je viens te dire merci pour ce que tu as fait hier et je veux te raconter (t'annoncer) une nouvelle.
3alé : Tékram 3aynak. É, 2éllé chou fi ?	Ali : Je t'en prie. Oui, dis-moi ce qu'il y a.
Élie : Ékhté badda tétjawwaz chahér él jéyé, 3a 2bélak.	Élie : Ma sœur veut (va) se marier le mois prochain. Je te le souhaite.
3alé : Mabrouk. Chou ha l khabriyyé l hélwé. Allah ybérik.	Ali : Félicitations. Quelle belle nouvelle. Que Dieu bénisse.
Élie : Ba2a néhna ménkoun ktir férhanin éza hadértak bétcharréfna 3a l 3éréss.	Élie : Alors nous serons très heureux si tu nous honores par ta présence au mariage.
3alé : Akid béjé 3a l 3éréss, ékhtak métél ékhté. Bass 3mol ma3rouf, b3atlé bitâ2it él 3azimé.	Ali : Certainement je viens au mariage, ta sœur est comme ma sœur. Mais s'il te plaît, envoie-moi la carte d'invitation.
Élie : Tékram 3aynak.	Élie : Je t'en prie (que ton œil soit honoré).
3alé: Faréhtak Élie.	Ali : En attendant le jour de ta joie Élie.

Élie : Choukrann sayyid 3alé, Allah y2awwik, wou ntébih 3a halak.	Élie : Merci Monsieur Ali, que Dieu te fortifie, et fais attention à toi.
3alé : Yalla, bé khâtrak habibé.	Ali : Bon, au revoir mon cher.
Élie : Ma3 él salémé, Allah ma3ak.	Élie : Au revoir, que Dieu soit avec toi.

- ***Remarques :*** dans le vocabulaire libanais quotidien, le mot Dieu, **Allah**, revient en permanence dans les expressions. Les gens très pieux et croyants, chrétiens et musulmans, l'utilisent avec abondance, d'une manière à ne laisser aucun doute sur leur engagement religieux. Néanmoins, le terme **Allah** est tellement ancré dans la culture qu'il a été sécularisé, et parfois vidé de son sens initial. Ainsi, un tiède religieusement, un agnostique ou un athée, peuvent dire **nchallah** (si Dieu le veut) à profusion, mais dans le sens exclusif de « j'espère ». **Allah ma3ak** (que Dieu soit avec toi), revêt aussi le sens de « salut » ou « au revoir ». Quant à l'interjection « **ya Allah** », elle est surtout utilisée pour exprimer l'énervement ou la déception, mais aussi la joie. Toutes les figures religieuses : **ya 3adra** (ô Vierge), **ya masih** (ô Christ), **ya Mouhammad** (ô Mahomet), **ya mar Charbel** (ô saint Charbel), **ya imam(ou) 3alé** (ô imam Ali), etc. peuvent être invoqués dans une logique religieuse poussée ou dans un sens absolument sécularisé. Bienvenu dans la complexité de la culture libanaise !

Vous avez constaté dans le texte, qu'Élie appelle Ali « Monsieur », ce qui souligne son rang social plus élevé, mais il le tutoie. Le vouvoiement n'existe effectivement pas en parler libanais, mais il faut absolument respecter les titres ou les rangs sociaux (n'appelez jamais une personne par son prénom, comme en France, si elle a une position sociale qui exige l'utilisation de son titre). Le vouvoiement est remplacé dans le langage par l'attitude respectueuse et les formules de déférence.

4. Exercices

- Relever tous les verbes figurant dans le texte. Dire pour chacun à quel temps il est conjugué.
- Choisir plusieurs verbes et les conjuguer à tous les temps
- Rédiger un paragraphe de quelques lignes sur ce thème.

Treizième leçon : Jours de la semaine, mois et saisons

1. Verbes

	Ajourner	*Se réunir*	*Rencontrer*	*Pleuvoir*
Ac.	2ajjal	Jtama3	Lta2a	Chattit
Ina.	2ajjil	Éjtémi3	Élté2é	Tchatté
Imp.	2ajjil	Jtémi3	Lté2é	Chatté
P.a.	M2ajjil	-	-	Mchattéyé
P.p.	M2ajjal	Méjtémi3	Mélté2é	-
Mdr	Té2jil	Ijtimé3	Likâ2	-

- ***Remarques*** : le verbe pleuvoir existe seulement aux troisièmes personnes du féminin singulier de l'accompli et de l'inaccompli parce qu'on dit en libanais : « **l déné chattit** » (l'existence a plu) ou « **rah tchatté l déné** ». Avec le participe actif, on dit : « **L déné mchattéyé** ». L'impératif est utilisé dans une phrase qui exprime le désir qu'il pleuve : « **chatté ya déné chatté** ».
Les verbes **jtama3** et **lta2a** sont toujours suivis de l'une des deux particules « **bé** » et « **fi** ». **Lta2ét bé martak ; lta2ét fiya** (j'ai rencontré ta femme ; je l'ai rencontrée).

	Arrêter de pleuvoir	*Passer l'hiver*	*Passer l'été*	*Neiger*
Ac.	Sôhé	Chatta	Sâyyâf	Talajit
Ina.	Ôsha	Chatté	Sâyyif	Tétlouj
Imp.	Sha	Chatté	Sâyyif	Tléjé
P.a.	Sâhé	Mchatté	Msâyyif	Téljé
P.p.	-	Mchatta	Msâyyaf	-
Mdr	Sâho	Téchtéyé	Tôsyif	-

- ***Remarques*** : le sens littéral du verbe « **sôhé** » en arabe est « se réveiller ». Pour dire qu'il s'est arrêté de pleuvoir, les Libanais peuvent utiliser les formules suivantes : **sôhyit él déné** (elle s'est réveillée l'existence), **sôhyit** (tout court) ou **sôhé l tâ2és** (il s'est réveillé le climat).

Le cas du verbe « neiger » est semblable à celui de « pleuvoir ». C'est pour cette raison qu'il est utilisé au féminin. Ainsi : **talajit él déné** (l'existence a neigé).

2. Vocabulaire

	Singulier	*Pluriel*
Jour	**Yom**	**Iyyém**
Semaine	**Ousbou3** ou **jém3a**	**Asabi3** ou **éjmém**
Mois	**Chahér**	**Échhour** ou **chhour**
Saison	**Fâsél**	**Fsoul**
Année	**Séné**	**Snin**
Siècle	**2arén**	**2roun**

- ***Remarque*** : le terme **jém3a** veut en même temps dire « vendredi » et « semaine ».

3. Les jours de la semaine

(Tous sont au masculin)

Dimanche	**Ahad**	Jeudi	**Khamis**
Lundi	**Tanén**	Vendredi	**Jém3a**
Mardi	**Taléta**	Samedi	**Sabét**
Mercredi	**Ôrb3a**		

- ***Explications*** : le premier jour de la semaine est le dimanche. Cela peut se deviner en libanais parce que presque tous les jours de la semaine s'apparentent aux nombres de un à sept. **Ahad** s'apparente à **wahad**, **tanén** à **tnén**, **taléta** à **tlété**, **ôrb3a** à **arb3a**, **khamis** à **khamsé** et **sabét** à **sab3a**. La seule exception est celle de **jém3a**. Le terme **jém3a** s'apparente au verbe **jama3** (rassembler, récolter). Une première explication se rapporte aux juifs qui préparent la récolte pour le shabbat, et une seconde se réfère aux musulmans qui se rassemblent le vendredi à la mosquée pour prier. De la racine **jama3** dérivent plusieurs termes comme : **ijtimé3** (réunion), **jam3iyyé** (association), **jém3a** (université), **jémi3** (mosquée), **jém3a** (semaine et vendredi), **jamé3a** (communauté), **joumé3** (coït), **jamé3** (addition), **tajammo3** (rassemblement, notamment dans le sens politique ou organisationnel), **jam3a** (rassemblement amical ou familial en général).

4. Les mois

Ils sont peu utilisés par les Libanais qui les connaissent rarement tous. On dit plutôt les mois en français ou en anglais. On peut même dire : ***chahér wahad****, le mois 1, pour dire janvier, etc.).*

Janvier	**Kénoun l téné**	Juillet	**Tammouz**
Février	**Chbât**	Août	**Ab** ou **éb**
Mars	**Azar**	Septembre	**Ayloul**
Avril	**Nisén**	Octobre	**Téchrin l awwal**
Mai	**Ayyar**	Novembre	**Téchrin l téné**
Juin	**Hzayran**	Décembre	**Kénoun l awwal**

- ***Dictons relatifs aux mois :***
- **Chbât chahér él bsaynét** : février (est) le mois des chats. Dans le sens où c'est le mois durant lequel les chats se reproduisent le plus.
- **Kézbit awwal nisén** : le mensonge du premier avril. Poisson d'avril.
- **Ma32oul tchatté bé ab** ? : est-il possible qu'il pleuve en août (titre d'une chanson) ?
- **Ayloul târafo bé l chété mabloul** : septembre son bout par la pluie est mouillé. À la fin de ce mois, il peut pleuvoir.
- **Bén téchrin w téchrin fi séf téné** : entre octobre et novembre il y a un deuxième été. Il peut refaire chaud entre ces deux mois, comme si c'était l'été.
- **Éb él léhhéb** : août le brûlant.

5. Les saisons

Printemps	**Rabi3**	Automne	**Kharif**
Été	**Séf**	Hiver	**Chété**

- ***Remarques*** :

a. Il faut bien prononcer **séf** (s emphatique) et ne pas confondre avec **séf** qui veut dire « épée ».

b. On peut aussi dire pour **séf** et **chété** : **sâyfiyyé** (féminin singulier) et **chatwiyyé** (féminin singulier).
c. **Chété** veut aussi dire « pluie ». **Rabi3** est de même un prénom.

6. Expressions

- **L tâ2és hélo lyom** : le climat est beau aujourd'hui (il fait beau aujourd'hui).
- **L tâ2és béchi3 bé l chété** : il fait moche durant l'hiver.
- **Ha l sâyfiyyé, kén fi ktir chob** : cet été, il a fait très chaud.
- **Bé fâsél él kharif, l tâbi3a bétkoun haziné** : durant la saison de l'automne, la nature est triste.
- **Séné kabis** : année bissextile.
- **Téchli2a 2awiyyé l séné** : (c'est une) canicule puissante cette année.

7. Texte

Samir : Marhaba 3azizté Antoinette, kifik lyom bé ha l tâ2és él hélo ?	Samir : Bonjour chère Antoinette, comment vas-tu aujourd'hui par ce beau temps ?
Antoinette : Tamém, ahla chi l wahad ysâyyif bé l jabal, w bala l chob wou l 3ara2 taba3 Bayrout.	Antoinette : Excellent, la plus belle chose consiste en ce que quelqu'un passe l'été à la montagne, et sans la chaleur et la sueur de Beyrouth.
Samir : Bwéf2ik l ra2é. Ana bhébb chatté bé Bayrout w sâyyif bé l Ghiné, dây3it jdoudé.	Samir : Je suis d'accord avec ton avis. Moi j'aime passer l'hiver à Beyrouth et l'été à Ghiné, le village de mes ancêtres.
Antoinette : Honé hatta bé chahér ab fi broud. W 3aboukra, té2riban 3âtoul fi ghtayta. Chi ktir hélo.	Antoinette : Là, même au mois d'août, il fait bon. Et le matin, à peu près toujours, il y a de la brume. C'est quelque chose de très beau.

Samir : Layké, baddik néjtémi3 boukra 3a boukra bé l mékhtar ta néhki 3an machékil él dây3a ?	Samir : Regarde, veux-tu que nous nous réunissions demain matin avec le maire pour lui parler des problèmes du village ?
Antoinette : É, mén kéll bédd. Bé l akhâss énno sârlna snin tâwilé mnéhké fiyoun w éja wa2toun.	Antoinette : Oui, certainement. Surtout que cela fait de longues années que nous en parlons et leur temps est venu.
Samir : Mnih, lakén boukra bémrou2 sâwbik bakkir, chi l sé3a sab3a, w bjib ma3é l 3aylé.	Samir : Bien, alors demain je passe chez toi tôt, vers 7 heures, et j'amène avec moi la famille.
Antoinette : Ma ténsa abélma téjé téchtéré mné2ich mnél foron. Sârlé mén jém3it l mâdyé méch 2éklé za3tar w ktir chta2ét.	Antoinette : N'oublie pas avant que tu viennes d'acheter des *manakich* de la boulangerie. Cela fait depuis la semaine passée que je n'ai pas mangé du thym et ça m'a beaucoup manqué.
Samir : 3ala kéll hal méch rah ntâwwil 3énéd él mékhtar. W ba3éd l ijtimé3, btéjé la 3énéd 3ammté ta néchrab fénjén ahwé 3a rawa2.	Samir : De toute façon, nous n'allons pas tarder chez le maire. Et après la réunion, tu viens chez ma tante pour que nous buvions une tasse de café tranquillement.
Antoinette : Aw2at afkarak ktir hélwé. Ana bhannik mén kéll 2albé.	Antoinette : Parfois, tes idées sont très belles. Moi, je te félicite de tout mon cœur.
Samir : Walaw ya Antoinette, bé hayétik ma tchékké fiyyé.	Samir : Quand même Antoinette, durant toute ta vie ne doute pas de moi (ne doute jamais de moi).

Antoinette : 3ala rasé. Yalla, ménchoufak ariban lakén. Sallim 3a l kéll.	Antoinette : Sur ma tête (à tes ordres). Bon, nous te voyons prochainement. Salue tout le monde (de ma part).
Samir : yalla ménchoufik.	Samir : Alors nous te verrons (au revoir).
Antoinette : Allah ma3ak.	Antoinette : Que Dieu soit avec toi (au revoir).

8. Exercices

- Relever les verbes figurant dans le texte ci-dessus et les conjuguer à tous les temps.
- Retenir le vocabulaire.
- Rédiger quelques lignes sur le thème étudié dans cette leçon.

Quatorzième leçon : Les chiffres et les nombres

1. Verbes

	Compter	*Additionner*	*Soustraire*	*Multiplier*
Ac.	3add	Jama3	Târah	Dârâb
Ina.	3édd	Éjma3	Ôtrah	Ôdroub
Imp.	3édd	Jma3	Trâh	Drôb
P.a.	3édid	Jémi3	Târih	Dârib
P.p.	Ma3doud	Majmou3	Mâtrouh	Mâdroub
Mdr	3add	Jamé3	Târéh	Dâréb

	Diviser	*Ajouter*	*Perdre*	*Acheter*
Ac.	2asam	Zéd	Nô2is	Chtara
Ina.	O2soum	Zid	Ôn2âs	Échtéré
Imp.	2som	Zid	N2âs	Chtéré
P.a.	2asim	Zéyid	Nâ2is	Chéré
P.p.	Ma2soum	Ménzéd	Man2ous	Ménchéré
Mdr	2osmé	Zyédé	Nâ2és	Chréyé

- ***Remarques*** : ces verbes ont des sens différents selon les contextes. **3add** peut avoir le sens de « râler », **jama3** de rassembler, **târah** de « jeter quelqu'un par terre » et **dârab** de frapper. Dans la vie courante, pour « 1+1 », on dira plutôt « **wahad w wahad** » plutôt que « **wahad zéyid wahad** ». Pour dire « 3-2 », on dira plutôt « **tlété élla tnén** » (**élla** : sauf), plutôt que « **tlété nâ2is tnén** ». Le verbe **nô2is** s'utilise surtout pour quantifier, exemples : **nô2is wazné tlété kilo** ([il] a perdu mon poids trois kilos = j'ai perdu trois kilos) ; **nô2so l khézzénét tlétin litre** (ont perdu les réservoirs trente litres = il y a trente litres de moins dans les réservoirs). Cependant, pour dire « se perdre » (dans la forêt par exemple), il faut utiliser le verbe **dâ3** ; pour « perdre » (de l'argent ou au jeu), il faut utiliser le verbe **khésir**.

Le verbe **chtara** est très particulier. Bien qu'il fasse partie de la deuxième catégorie, il peut être conjugué selon la deuxième et selon la troisième catégorie : **ana chtrit** et **ana chtarét**.

2. Les chiffres et les nombres

- De 1 à 10

	1re forme	*2e forme*	*3e forme*
1	**Wahad**	***Singulier***	***Singulier***
2	**Tnén**	***Duel***	***Duel***
3	**Tlété**	**Tlét**	**Tlét**
4	**Arb3a**	**Arba3**	**Arba3t**
5	**Khamsé**	**Khams**	**Khamst**
6	**Sétté**	**Sétt**	**Sétt**
7	**Sab3a**	**Sabé3**	**Sabé3t**
8	**Tméné**	**Tmén**	**Tmént**
9	**Tés3a**	**Tésé3**	**Tésé3t**
10	**3achra**	**3achér**	**3achért**

La première forme n'est utilisée que pour compter. Les deuxième et troisième formes sont utilisées en état d'annexion (favoriser l'utilisation de la deuxième forme). Les noms comptés sont toujours au pluriel.

- *Exemples* : **tlét byout** (trois maisons), **arba3t iyyém** (quatre jours), **3achér khébzét** (dix pains), **tmén aklét** (huit mets).

- De 11 à 19

	1re forme	*2e forme*
11	**Hda3éch**	**Hda3char**
12	**Tna3éch**	**Tna3char**
13	**Tlétta3éch**	**Tlétta3char**
14	**Arba3ta3éch**	**Arba3ta3char**
15	**Khamésta3éch**	**Khamésta3char**
16	**Sétta3éch**	**Sétta3char**
17	**Saba3ta3éch**	**Saba3ta3char**
18	**Tménta3éch**	**Tménta3char**
19	**Tésa3ta3éch**	**Tésa3ta3char**

La première forme est utilisée pour compter, alors que la deuxième est utilisée en état d'annexion. Le nom qui suit la deuxième forme reste au singulier bien qu'il désigne un pluriel. Exemples : **tna3char réjjél** (douze hommes), **tésa3ta3char walad** (dix-neuf enfants), **khamésta3char mara** (quinze femmes), **tésa3ta3char farrouj** (dix-neuf poulets).

- De 20 à 29

20	**3échrin**	25	**Khamsa w 3échrin**
21	**Wahda w 3échrin**	26	**Sétta w 3échrin**
22	**Tnéna w 3échrin**	27	**Sab3a w 3échrin**
23	**Tléta w 3échrin**	28	**Tména w 3échrin**
24	**Arb3a w 3échrin**	29	**Tés3a w 3échrin**

En libanais on dit « trois et vingt » (comme en allemand) au lieu de « vingt-trois ». Cette règle s'applique de 21 à 99. Pour compter de 30 à 99, il suffit de suivre la même logique. *Exemples* : **tléta w tlétin** (33), **sétta w khamsin** (56). En état d'annexion, le nom qui suit reste au singulier, donc : **sétta w séttin cham3a** (66 bougies).

- De 20 à 90

20	**3échrin**	60	**Séttin**
30	**Tlétin**	70	**Sab3in**
40	**Arb3in**	80	**Ténin**
50	**khamsin**	90	**Tés3in**

- *Au-delà* :
- Pour les centaines : **miyyé, miyytén, tlét miyyé…**
- Pour les milliers : **aléf, alfén, tlét aléf…**
- Pour les millions : **malyoun, malyounén, tlét mléyin…**
- Pour les milliards : **millyar, millyarén, tlét millyarat...**

- ***Grande difficulté*** : après un nombre, que faut-il mettre, le singulier ou le pluriel ? De 3 à 10, le mot qui suit devrait être au pluriel et de 11 à 99 au singulier. Quel que soit le nombre, il faut toujours regarder les deux derniers chiffres et accorder en s'y référant. D'ailleurs, après **kém** (combien), on doit toujours utiliser un singulier. Exemple : **kém kérsé fi honé** (combien de chaises y a-t-il ici) ?

3. Lecture et exemples

N'importe quel nombre au-delà de 19 se lit à partir de l'annexion des différents chiffres ou nombres le composant à l'aide des « **w** » (et).

75 : **khamsa w sab3in** ; 267 : **miyytén w sab3a w séttin** ; 759 : **sabé3 miyyé w tés3a w khamsin** ; 1 578 : **aléf w khams miyyé w tména w sab3in** ; 6 524 : **sétt aléf w khams miyyé w arb3a w 3échrin** ; 32 115 : **tnéna w tlétin aléf w miyyé w khaméssta3éch** ; 426 876 : **arba3 miyyé w sétta w 3échrin aléf w tmén miyyé w sétta w sab3in** ; 1 265 785 : **malyoun w miyytén w khamsa w séttin aléf w sabé3 miyyé w khamsa w tménin** ; 26 451 017 : **sétta w 3échrin malyoun w arba3 miyyé w wahda w khamsin aléf w saba3ta3éch** ; 369 401 257 : **tlét miyyé w tés3a w séttin malyoun w arba3 miyyé w aléf w miyytén w sab3a w khamsin** ; 1 000 256 001 : **millyar w miyytén w sétta w khamsin aléf w wahad** ; 87 653 247 111 : **sab3a w tménin millyar w sétt miyyé w tléta w khamsin malyoun w miyytén w sab3a w arb3in aléf w miyyé w hda3éch**.

4. Vocabulaire

Argent	**Mâsâré**	Livre libanaise	**Lira**
Calcul, addition	**Hséb**	Augmentation des prix	**Ghala**
Pauvreté	**Fo2or**	Cher	**Ghalé**
Bon marché	**Rkhis**	Vente	**Bé3**
Achat	**Chréyé**	Boutique	**Mahal**
Change	**Srâfé**	Agent de change	**Sâyrafé**
Monnaie	**Frâta**	Devise	**3émlé**

Vous avez peut-être été perplexes face à la déclinaison du terme argent. Effectivement, il ne se décline pas au singulier (invariable), mais au pluriel (**môsriyyét**). Ainsi : **môsriyyété, môsriyyétak, môsriyyétik,** etc.

5. Exercices

- Conjuguer 3 verbes au choix à tous les temps.
- Écrire en libanais ces nombres : 254, 6 577, 12 046, 39 578, 336 745, 9 653 457, 36 785 956, 569 875 120, 9 354 621 870, 79 534 512 002, 754 623 897 540.
- Essayer d'écrire quelques phrases en se référant au thème de cette leçon.

6. Sixièmement ?

Awwalan (premièrement)	**Sédisan** (sixièmement)
Téniyan (deuxièmement)	**Sébi3an** (septièmement)
Télitan (troisièmement)	**Téminan** (huitièmement)
Rabi3an (quatrièmement)	**Tési3an** (neuvièmement)
Khémisan (cinquièmement)	**3achiran** (dixièmement)

Au-delà, il faut vraiment être bavard…

7. Texte

Rachid : Marhaba Slaymén, kifak ? 3mol ma3rouf, bé addéch l dollar lyom ?	Rachid : Salut Sleiman, comment vas-tu ? S'il te plaît, à combien est le dollar aujourd'hui ?
Slaymén : Wallah lyom tâli3, baddak téchtéré aw tbi3 ?	Sleiman : Aujourd'hui, il est monté, tu veux acheter ou vendre ?
Rachid : Ma3é lébnéné, w baddé échtéré dollar la anné mséfar boukra 3a Amérka.	Rachid : J'ai de la (devise) libanaise et je veux acheter des dollars parce ce que je voyage demain aux États-Unis.
Slaymén : Khayy, niyyélak, ya rét ana fiyyé rouh ma3ak. Bé l akhâss énno Amérka méch ghalyé métél França.	Sleiman : (Soulagement), je t'envie, j'aurais souhaité pouvoir aller avec toi. Surtout que les États-Unis ne sont pas chers comme la France.
Rachid : É, ma3ak ha22, hayda l youro, ktir tâli3. 3ala koullénn, baddé échtéré dollarat bé 10 000 000 lira. Addéch byôtla3o ?	Rachid : Oui, tu as raison, cet euro, il monte beaucoup. De toute façon, je veux acheter des dollars à 10 000 000 de livres libanaises. Cela fait combien ?
Slaymén : Lyom l dollar bé 1 507. Éza mno2soum	Sleiman : Aujourd'hui le dollar est à 1507. Si nous divisons

10 000 000 bé 1 507, byôtla3o 6636 dollar. Addéch bé2é honik ?	10 000 000 par 1507, nous aurons 6636 dollars. Combien restes-tu là-bas ?
Rachid : Chahrén wou chwayy.	Rachid : Deux mois et quelques.
Slaymén : É, mnih, by2addouk. Tfâddâl, hôlé l mâsâré.	Sleiman : Oui, bien, ils te suffisent. Je t'en prie, voici l'argent.
Rachid : Baddé 3azzbak hôttéllé l dollarat bé mghallaf.	Rachid : S'il te plaît, mets-moi les dollars dans une enveloppe.
Slaymén : Ma fi méchéklé, mén 3youné.	Sleiman : Sans problème, de mes yeux (avec grand plaisir).

- ***Remarque*** : vous avez peut-être constaté que le verbe **tôli3** (monter) possède plusieurs sens. **Chou tôli3 ?** : quel est le résultat ? **Tôli3 ma byhébb l sôbbér** : il s'est avéré ne pas aimer les figues de barbarie. **L youro tâli3 lyom** : le prix de l'euro a augmenté aujourd'hui. **Addéch bytâlli3 bé l chahér ?** Combien gagne-t-il par mois ?

Quinzième leçon : Les légumes

1. Verbes

	Éplucher	*Farcir*	*Tremper*	*Saler*
Ac.	2achchar	Héché	Na2a3	Mallah
Ina.	2achchir	Éhché	Én2a3	Mallih
Imp.	2achchir	Hchi	N2a3	Mallih
P.a.	M2achchir	Héché	Né2i3	Mmallih
P.p.	M2achchar	Méhché	Man2ou3	Mmallah
Mdr	Té2chir	Haché	Na2é3	Témlih

Le participe passif du verbe farcir est très utilisé pour désigner des plats farcis comme : **méhché kousa** (courgettes farcies) ou **méhché wara2 3arich** (feuilles de vignes farcies).

	Poivrer	*Évider*	*Cuire*	*Cuisiner*
Ac.	Bahhar	Nâ2ar	Sala2	Tâbakh
Ina.	Bahhir	Ôn2our	Éslou2	Ôtboukh
Imp.	Bahhir	N2ôr	Slo2	Tbôkh
P.a.	Mbahhir	Nâ2ir	Séli2	Tâbikh
P.p.	Mbahhar	Man2our	Maslou2	Mâtboukh
Mdr	Tôbhir	Nâ2ér	Salé2	Tâbékh

Le verbe **sala2** est uniquement utilisé pour la cuisson dans l'eau. Pour « cuire un gâteau », on dit en libanais : « **3mélét gattô** » (j'ai fait un gâteau). Et pour cuire un plat au four, on utilisera plutôt le verbe **hâtt** (mettre) au four : **hâttit l djéj wou l bâtâta sé3a bé l foron** (elle a mis le poulet et les pommes de terres une heure au four).

	Frire	*Découper*	*Laver*	*Réchauffer*
Ac.	2élé	2âss	Ghasal	Sâkhkhân
Ina.	É2lé	2ôss	Éghsoul	Sâkhkhin
Imp.	2li	2ôss	Ghsol	Sâkhkhin
P.a.	2élé	2âsis	Ghésil	Msâkhkhin
P.p.	Mé2lé	Ma2sous	Maghsoul	Msâkhkhan
Mdr	2alé	2âss	Ghasil	Tôskhin

Le participe passif féminin du verbe **2élé** est utilisé pour dire « pommes frites » : **bâtâta mé2liyyé.**

2. Légumes

	Genre	*Singulier*	*Pluriel*
Ail	**Toum**	**Hôss toum**	**Toumét**
Artichaud	**Ardichok**	**Ardichawké**	**Ardichawkét**
Aubergine	**Baténjén**	**Baténjéné**	**Baténjénét**
Basilic	**Haba2**	**Hab2a**	**Hab2at**
Blette	**Sélé2**	**Sél2a**	**Sél2at**
Carotte	**Jazar**	**Jazra**	**Jazrat**
Champignon	**Fôtôr**	**Habbit fôtôr**	**Fôtrat**
Chou	**Malfouf**	**Malfoufé**	**Malfoufét**
Chou-fleur	**2arnâbit**	**2arnâbita**	**2arnâbitât**
Citron	**Hamoud**	**Hamda**	**Hamdât**
Concombre	**Khyar**	**Khyara**	**Khyarat**
Cornichon	**Kabis**	**Kabisé**	**Kabisét**
Courge	**Aré3**	**Ar3a**	**Ar3at**
Courgette	**Kousa**	**Kouséyé**	**Kouséyét**
Épinard	**Sbénigh**	**Sbéngha**	**Sbénghat**
Fève	**Foul**	**Fouléyé**	**Fouléyét**
Haricot	**Fâsoulia**	**Fâsoulyéyé**	**Fâsoulyat**
Haricot vert	**Loubyé**	**Louyéyé**	**Loubyét**
Laitue	**Khass**	**Khassé**	**Khassét**
Lentille	**3adas**	**3adsé**	**3adsét**
Maïs	**Dara**	**Habbit dara**	**darayét**
Menthe	**Na3na3**	**na3én3a**	**Na3én3at**
Navet	**Léfét**	**Léftéyé**	**Léftéyét**
Oignon	**Bâsâl**	**Bâslé**	**Bâslét**
Persil	**Ba2dounis**	**Ba2dounsé**	**Ba2dounsét**
Petit pois	**Bazzélla**	**Bazzélléyé**	**Bazéllét**
Pois chiche	**Hommous**	**Hommsa**	**Hommsât**
Poivron	**Flayflé**	**Flayfléyé**	**Flayflét**
Pomme de terre	**Bâtâta**	**Râs bâtâta**	**Bâtâtât / Rous bâtâta**
Radis	**Féjél**	**Féjlé**	**Féjlét**
Thym	**Za3tar**	**Za3tréyé**	**Za3trat**
Tomate	**Banadoura**	**Banadouréyé**	**Banadourat**

3. Vocabulaire

Balance	**Mizén**	Évier	**Majla**
Cannelle	**2érfé**	Légumes	**Khôdra**
Cuisinière	**Butagaz**	Marmite	**Tânjara**
Décapsuleur	**Féttéha**	Poêle	**Ma2lé**
Eau	**Mayy**	Poivre	**Bhar**
Égouttoir	**Môsfayé**	Saladier	**Jât**
Éplucheuse	**Échchara**	Sel	**Méléh**

4. Texte

Marcél : Sâbâho m3allim Maroun, jéyé la 3éndak échtéré khôdra.	Marcelle : Bonjour Monsieur Maroun, je viens chez toi acheter des légumes.
Maroun : Ahla sétt Marcél, jité bé wa2tik. L bdâ3a ba3da wâslé, tâza.	Maroun : Bienvenue Madame Marcelle, tu viens à temps. La marchandise vient d'arriver, elle est fraîche.
Marcél : Baddé ôtboukh la jawzé chi tâyyib. Rah a3méllo tânjarit khôdra, mniha la sôhhto.	Marcelle : Je veux cuisiner à mon mari quelque chose de bon. Je vais lui faire une marmite de légumes, elle est bien pour sa santé.
Maroun : Ba3tiké kilo mén ha l aré3at l hélwin ? Holé chéghél él jnoub.	Maroun : Je te donne un kilo des ces belles courges ? Elles viennent (sont produites) du sud.
Marcél : La2 choukrann, ma byhébb él aré3. 3mol ma3rouf, baddé bâsâl, banadoura, baténjén, kousa, jazar w bâtâta.	Marcelle : Non merci, il n'aime pas les courges. S'il te plaît, je veux des oignons, des tomates, des aubergines, des courgettes, des carottes et des pommes de terre.

Maroun : Tékram 3aynik. Addéch bhôttéllik ?	Maroun : Je t'en prie. Combien je t'en mets ?
Marcél : Éza btésmah, baddé tlété kilo jazar, tnén kilo bâtâta, kilo kousa, kilo baténjén, chwayyit ba2dounis w na3na3 w rasén bâsâl.	Marcelle : Si tu permets, je veux trois kilos de carottes, deux kilos de patates, un kilo de courgettes, un kilo d'aubergines, un peu de persil et de menthe et deux oignons.
Maroun : Hayda kéll chi ?	Maroun : Ce sera tout ?
Marcél : É, bé zyédé.	Marcelle : Oui, ça suffit.
Maroun : 3ala rasé sétt Marcél.	Maroun : À tes ordres Madame Marcelle.
Marcél : Yi, la twékhézné, ba3éd baddé 3élbit bazélla.	Marcelle : Oh, excuse-moi, je veux encore une boîte de petits pois.
Maroun : Tfâddâlé, l bazélla haddik 3a l raff.	Maroun : Je t'en prie, les petits pois sont à côté de toi sur l'étagère.
Marcél : Addéch bétrid m3allim Maroun ?	Marcelle : Combien je te dois Monsieur Maroun ?
Maroun : Tlétta3char aléf lira.	Maroun : Treize mille livres.
Marcél : Ana ktir Mamnountak.	Marcelle : Je te remercie beaucoup (je te suis très reconnaissante).
Maroun : Sallmilé ktir 3a jawzik, w 2oulilo lézim nél3ab tâwlé bé asra3 wa2ét.	Maroun : Salue-moi beaucoup ton mari et dis-lui qu'il faudra que nous jouions au tric-trac au plus vite.

Marcél : Wôsil. W énta sallim 3a martak.	Marcelle : C'est fait. Et toi salue ta femme (de ma part).
Maroun : Allah ma3ik, ma3 él salémé.	Maroun : Que Dieu soit avec toi, au revoir.

5. Exercices

- Conjuguer quelques verbes au choix dans la liste.
- Relever tous les verbes ou les formes verbales du texte et indiquer leur temps ou leur mode.
- Rédiger quelques lignes relatives au thème.

6. Texte à traduire : l bouza 3a kousa

Il s'agit d'une blague racontée par les enfants au Liban

Rah zalamé 3a mahal l bouza w 2al la sâhib l mahal :
- 3éndak bouza 3a kousa ?
- Bouza 3a kousa ? Ma hadan bya3mil bouza 3a kousa !
Zé3il l zalamé w réji3 3a bayto.
Téné nhar, réji3 rah 3a nafés mahal l bouza w 2al la sâhib l mahal :
- 3éndak bouza 3a kousa ?
- Bouza 3a kousa ? Ma hadan bya3mil bouza 3a kousa !
Zé3il l zalamé w réji3 3a bayto.
Fakkar sâhib l mahal énno yimkin l bouza 3a kousa chi tâyyib. Ba2a 3émil bouza 3a kousa bé l lél.
Télit nhar, réji3 l zalamé rah 3a nafés mahal l bouza w 2al la sâhib l mahal :
- 3éndak bouza 3a kousa ?
- É, 3éndé !
- Nyin3é2 !!!

Seizième leçon : Les fruits

1. Verbes

	Cueillir	*Préparer*	*Manger un dessert*	*Mélanger*
Ac.	2âtâf	Hâddâr	Thalla	Khalât
Ina.	Ô2touf	Hâddir	Éthalla	Ôkhlout
Imp.	2tôf	Hâddir	Thalla	Khlôt
P.a.	2âtif	Mhâddir	Mhallé	Khâlit
P.p.	Mâ2touf	Mhâddar	Mhalla	Makhlout
Mdr	2âtéf	Tôhdir	Téhléyé	Khalét

Le verbe **thalla** s'apparente à **hélo** qui a deux sens : sucré et beau. Dans un cadre culinaire, ce verbe concerne tout ce qui est sucré (fruits, chocolat, gâteaux, etc.). Dans un cadre physique, ce verbe signifie la beauté : **thalla** veut dire « il s'est embelli », « il a gagné en beauté ». Exemple : **béntik ktir mhalléyé** (ta fille s'est beaucoup embellie).

2. Fruits

	Genre	*Singulier*	*Pluriel*
Abricot	**Méchmouch**	**Méchémché**	**Méchémchét**
Amande	**Loz**	**Lawzé**	**Lawzét**
Anone	**Âchta**	**Âchtâyé**	**Âchtât**
Avocat	**Avoka**	**Avokatéyé**	**Avokatét**
Banane	**Moz**	**Mawzé**	**Mawzét**
Cerise	**Karaz**	**Karzé**	**Karzét**
Datte	**Balah**	**Balha**	**Balhat**
Figue	**Tinn**	**Tiné**	**Tinét**
Figue de barbarie	**Sôbbér**	**Sôbbayra**	**Sôbbayrat**
Fraise	**Fraiz**	**Habbit fraiz** *ou* **fraizé**	**Fraizét**
Kaki	**Kharma**	**Kharméyé**	**Kharmét**
Mangue	**Manga**	**Mangayé**	**Mangayét**
Melon	**Chémmém**	**Chémmémé**	**Chémmémét**
Mûre	**Tout**	**Touté**	**Toutét**
Nèfle	**Akédéné**	**Akédényéyé**	**Akédényét**

Noisette	**Béndou2**	**Bénéd2a**	**Bénéd2at**
Noix	**Joz**	**Jawzé**	**Jawzét**
Orange	**Laymoun /**	**Laymouné / bérd2ané**	**Laymounét / bérd2anét**
Olive	**Zaytoun**	**Zaytouné**	**Zaytounét**
Pastèque	**Bâttikh**	**Bâttikha**	**Bâttikhat**
Pistache	**Féstou2**	**Fését2a**	**Fését2at**
Poire	**Njâs**	**Njâsa**	**Njâsât**
Pomme	**Téfféh**	**Téfféha**	**Téfféhat**
Prune	**Khokh**	**Khawkha**	**Khawkhat**
Raisin	**3énab**	**3énbéyé**	**3énbét**

Chémmém se dit aussi **bâttikh âsfar** (pastèque jaune).

3. Vocabulaire

Bol	**Tâsé**	*Goûter*	**3âsrouniyyé**
Épluchure	**Échré**	*Jus*	**3âsir**
Fruits	**Fwéké**	*Pépins*	**Bézér**
Glace	**Bouza**	*Sirop*	**Charab**

4. Texte

Sylvie : Allo, Renée, kifik ? Layké, ta3é lyom ba3éd él dôhôr kélé 3âsrouniyyé 3énna.	Sylvie : Allô, Renée, comment vas-tu ? Regarde, viens aujourd'hui dans l'après-midi manger un goûter chez nous.
Renée : Ba3dné réj3a mnél sou2 w chéryé ras bâttikh.	Renée : Je viens de revenir du marché et j'ai acheté une pastèque.
Sylvie : Ma3léch, hôtti mén idik w ta3é, 3éndé chi ktir tâyyib la élik.	Sylvie : Ça ne fait rien, dépose-le (de ta main) et viens, j'ai quelque chose de très bon pour toi.
Renée : Fi bouza ?	Renée : Y a-t-il de la glace ?
Sylvie : Kif lakén ! W fi 3éndé kamén 3énab tâza	Sylvie : Et comment ! Et j'ai aussi des raisins frais du

mnél dây3a, w méchmouch mnél b2a3.	village et des abricots de la Bekaa.
Renée : W 3a chou l bouza ? Nchallah ma tkoun 3a kousa.	Renée : Et à quel arôme est la glace ? J'espère qu'elle n'est pas aux courgettes.
Sylvie : Wallah fi bouza 3a fraiz, bouza 3a moz w bouza 3a tout.	Sylvie : Il y a de la glace à la fraise, de la glace à la banane et de la glace à la mûre.
Renée : É, tamém, ana ktir bhébb l bouza 3a tout. Baddik jib ma3é « salade de fruits » ?	Renée : Oui, très bien, moi j'aime beaucoup la glace à la mûre. Tu veux que j'amène avec moi une salade de fruits ?
Sylvie : La2 abadan, méch dârouré, 3éndé bé l bérrad, w hâttétoun bé jât kbir.	Sylvie : Non, du tout, ce n'est pas nécessaire, j'(en) ai au réfrigérateur et je les ai mis (les fruits) dans un grand récipient.
Renée : Tâyyib, ana lakén jéyé w rah talfin la Yvette w 2élla énno téjé ma3na, mnétsalla.	Renée : Bien, moi alors je viens, et je vais appeler Yvette et lui dire qu'elle vienne avec nous, nous nous amuserons.
Sylvie : Méch dârouré, da22aytélla mén chway. Énté ta3é kélé w ma tô3tâlé hamm él bé2é.	Sylvie : Cela n'est pas nécessaire, je l'ai appelée il y a peu. Toi viens manger, et ne te soucie pas du reste.
Renée : Yalla fa2ézann, ménchoufik ba3éd chwayy. 3tiné méchwar l târi2.	Renée : Bien, donc nous te voyons dans peu. Donne-moi le temps de la route (du voyage).

Hâttétoun : le participe actif du verbe **hâtt** = **hâtit**. Il a comme féminin : **hâtta**. Les voyelles des féminins des participes ne sont pas de grandes voyelles, mais des « **t** » du féminin. Ce qui a eu comme conséquence, après la déclinaison et l'application de la « règle d'or » : **hâttétoun**.
3ôtil hamm : il a porté du souci (il s'est fait du souci). Le verbe **3ôtil / ô3tâl / 3tâl / 3ôtlén** qui veut dire porter, ne s'utilise en dialecte libanais que pour cette expression.

5. Exercices

- Conjuguer quelques verbes au choix dans la liste.
- Relever tous les verbes ou les formes verbales du texte et indiquer leur temps ou leur mode.
- Rédiger quelques lignes relatives au thème.

Dix-septième leçon : À la plage

1. Verbes

	Nager	*S'allonger*	*Flotter*	*Jouer*
Ac.	Tsabbah	Tmaddad	Féch	Lé3ib
Ina.	Étsabbah	Étmaddad	Fouch	Él3ab
Imp.	Tsabbah	Tmaddad	Fouch	L3ab
P.a.	Métsabbih	Métmaddid	Féyich	Lé3ib
P.p.	Métsabbah	Métmaddad	-	Mal3oub
Mdr	Sbéha	Tamaddoud	Fwéché	Lé3éb

	Bronzer	*Plonger*	*Construire*	*Faire nager*
Ac.	Tchammas	Chakk	3ammar	Sabbah
Ina.	Étchammas	Chékk	3ammir	Sabbih
Imp.	Tchammas	Chékk	3ammir	Sabbih
P.a.	Métchammis	Chékik	M3ammir	Msabbih
P.p.	Métchammas	Machkouk	M3ammar	Msabbah
Mdr	Téchmis	Chakk	3amar	Tésbih

Le verbe **chakk** veut aussi dire « douter » et « enfoncer ». Le verbe **sabbah** veut aussi dire « louer Dieu ».

2. Vocabulaire

	Genre	*Singulier*	*Pluriel*
Balle/Ballon	-	**Tâbé**	**Tâbét**
Coquillage	**Sâfad**	**Sâfdé**	**Sâfdét**
Courant	-	**Tayyar**	**Tayyarat**
Eau	-	**Mayy**	**Mayyét**
Jeu de cartes	-	**Wara2 chaddé**	**Wra2 chaddé**
Jouet	-	**Lé3bé**	**Al3ab**
Méduse	-	**2andil bahér**	**2nédil bahér**
Mer	-	**Bahér**	**Bhoura**
Nuage	**Ghém**	**Ghaymé**	**Ghyoum**
Parasol/ parapluie	-	**Chamsiyyé**	**Chamésé**
Pêche	**Séd samak**	-	-

Plage	-	**Châtt**	**Chtout**
Poisson	**Samak**	**Samké**	**Samkét**
Sable	**Ramél**	**Habbit ramél**	**Ramlét**
Soleil	-	**Chamés**	**Chmousé**
Tempête	-	**3âsfé**	**3awâsif**
Vague	**Moj**	**Mawjé**	**Mawjét**
Vent	-	**Hawa**	**Hawayét**

3. Texte

Néchkour Allah lyom l tâ2és hélo. Rah nrouh kéllna 3a l bahér w nônbôsit.	Grâce à Dieu, aujourd'hui il fait beau. Nous allons tous aller à la plage et nous allons être contents.
L bahér méch hélo abadan bass ykoun fi hawa wou ghyoum, w ma ykoun fi chamés.	La mer n'est jamais belle lorsqu'il y a du vent et des nuages, et lorsqu'il n'y a pas de soleil.
Wsôlna 3a l châtt w l2ina mahal ktir hélo. Hâttayna manéchéfna 3a l ramél. 3imad nésé yjib ma3o manchafé, bass houwwé byhébb yétmaddad 3a l ramél.	Nous sommes arrivés à la plage et nous avons trouvé un très bel endroit. Nous avons mis nos serviettes sur le sable. Imad a oublié d'emmener avec lui une serviette, mais il aime s'allonger sur le sable.
L chamés ktir 2awiyyé, chawwabna, w sâr lézim nénzal 3a l mayy. Raïda ma badda téjé ma3na la anno bétkhaf mnél moj.	Le soleil frappe fort, nous avons chaud et il faut que nous descendions dans l'eau. Raïda ne veut pas venir avec nous parce qu'elle a peur des vagues.
Bass l banét yrouho 3a l bahér bé Lébnén, by2âddo aghlabiyyit wa2toun 3am byétchammaso.	Quand les filles vont à la plage au Liban, elles passent la plupart de leur temps à bronzer.

Ramy malak l chakk, w Mahmoud ktir byhébb yoghtous w yfattich 3a l samak tahét él mayy.	Ramy est le roi du plongeon et Mahmoud aime beaucoup plonger et chercher les poissons en-dessous de l'eau.
Ahla chi mén ba3éd l ghada da22 él wara2, bass nchallah ma ykoun fi ktir nés 3am bydakhkhno la anno aghlabiyyétna ma ménhébb l dékhkhan.	La meilleure chose après le déjeuner est la partie de cartes, mais nous espérons (si Dieu le veut) qu'il n'y ait pas beaucoup de gens qui fument parce que notre majorité, nous n'aimons pas la fumée.
Hind 2âddit kéll l wa2ét bé l mayy aw tahét l chamsiyyé. Bétkhâf téhtéri2 mnél chamés.	Hind a passé tout le temps dans l'eau ou sous le parasol. Elle a peur d'être brûlée par le soleil.
L chamés ballachit tghib w ballach ysir 3achiyyé. Sâr lézim nérja3 3a l bét halla2.	Le soleil a commencé à se coucher et il a commencé à faire soir. Il faut que nous retournions à la maison maintenant.
Ha l nhar kén ktir hélo, nchallah mén3ad.	Ce jour était très beau, nous souhaitons (si Dieu le veut) qu'il se répète.
Dâbbayna ghrâdna bé l siyyarat, w twajjahna 3a Bayrout. Ila l likâ2.	Nous avons rangé nos affaires dans les voitures et nous nous sommes dirigés vers Beyrouth. Au revoir.

En libanais, on ne dit pas « je vais à la plage », mais « je vais à la mer » (**ana râyih 3a l bahér**). C'est une fois à la plage que la différence est faite entre **l mayy**, l'eau, et **l châtt**, la plage.

Ila l likâ2 veut dire « au revoir » en arabe littéraire. Assez rare en libanais, il est surtout utilisé pour dire « au revoir » avec une note d'humour.

4. Exercices

- Conjuguer quelques verbes au choix dans la liste.
- Relever tous les verbes ou les formes verbales du texte et indiquer leur temps ou leur mode.
- Rédiger quelques lignes relatives au thème.

5. Expressions

- **Bhébbik add l bahér w samkéto** : je t'aime autant que la mer et ses poissons. Phrase essentiellement adressée par les enfants à leur mère.
- **Rouh bâllit l bahér** : va poser du carrelage sur la mer (verbe **bâllât** : poser du carrelage). Expression utilisée pour « envoyer balader » quelqu'un.
- **3éndo bahér ma3loumét** : il a une mer d'informations (il a beaucoup d'informations).
- **Yallé chérib él bahér, ma byghôss bé l sé2yé** : celui qui a bu la mer ne s'étouffe pas [en buvant] le ruisselet. Expression utilisée pour dire que le plus dur est passé.

Dix-huitième leçon : L'anniversaire

1. Verbes

	Fêter/ se réjouir	*Préparer*	*Offrir*	*Danser*
Ac.	3ayyad	Hâddâr	Hédé	Râ2âs
Ina.	3ayyid	Hâddir	Éhdé	Ôr2ous
Imp.	3ayyid	Hâddir	Hdi	R2ôs
P.a.	M3ayyid	Mhâddir	Hédé	Râ2is
P.p.	M3ayyad	Mhâddâr	Méhdé	-
Mdr	Té3yid	Tôhdir	Éhdé2	Râ2és

	Célébrer	*Éteindre*	*Souffler/ Gonfler*	*Inviter*
Ac.	Htafal	Tôfé	Nafakh	3azam
Ina.	Éhtéfil	Ôtfé	Énfoukh	É3zoum
Imp.	Htéfil	Tfi	Nfokh	3zom
P.a.	Méhtéfil	Tâfé	Néfikh	3ézim
P.p.	-	Môtfé	Manfoukh	Ma3zoum
Mdr	Ihtifél	Ôtfa2	Nafékh	3azém

Lorsqu'il s'agit de célébrer « quelque chose », le verbe **htafal** doit être suivi de la particule « **bé** ».

2. Vocabulaire

	Genre	*Singulier*	*Pluriel*
Allumettes	**Kabrit**	**Kabrité**	**Kabritét**
Bougie	**Chamé3**	**Cham3a**	**Cham3at**
Briquet		**2éddéha**	**2éddéhat**
Cadeau	-	**Hdiyyé**	**Hadéya**
Célébration	-	**Ihtifél**	**Ihtifélét**
Décoration	-	**Ziné**	-
Fête	-	**3id**	**A3yéd**
Gâteau	-	**Gatto**	**Gattoyét**
Invitation	-	**3azimé**	**3azéyim**
Surprise	-	**Mouféja2a**	**Mouféja2at**

3. Texte

Lyom, l tanén 10 ayloul, nhar ktir hélo : lyom 3id miléd Samia, zamilétna bé l chérké w jarté.	Aujourd'hui, le lundi 10 septembre, est un jour très beau : c'est le jour de l'anniversaire de Samia, notre collègue à l'entreprise et ma voisine.
L kéll mâbsoutin w mhâddrin haloun ta yrouho y3ayydouwa.	Tous sont contents et préparés pour aller fêter son anniversaire.
3ida l sé3a tméné 3achiyyé 3énda bé l bét. Rah nrouh kéllna wou n2ôssélla gatto.	Son anniversaire sera célébré chez elle à 8 heures du soir. Nous allons tous aller pour lui couper un gâteau.
Kéll wahad jabla hdiyyé chékél. Wahad chtaréla ktéb, wéhdé chtarétla cédé, wou l bé2é kéll wahad chi : waréd, tannoura, skarbiné…	Chacun lui a amené un cadeau différent. Un lui a acheté un livre, une autre un CD et le reste, chacun quelque chose : des roses, une jupe, des escarpins…
3achiyyé, sôrna nousâl la 3énéd Samia l wahad wara l téné. W kéllma hadan yfout, kén y2élla : « Yén3ad 3layké, 3a2bél l miyyé ».	Le soir, nous sommes arrivés chez Samia les uns après les autres. Et à chaque fois que quelqu'un entrait, il lui disait : « Qu'elle (la fête) se répète sur toi, en souhaitant fêter tes cent ans ».
L ziné kénit ktir hélwé bé bayta, w 3a l tâwlé kén fi ktir akél. W aktar chi kén moulfét, houwwé l lon l âsfar, lawna l moufâddâl, yallé kén wénma kén.	La décoration était très belle dans sa maison et sur la table il y avait beaucoup de nourriture. Et ce qui était le plus notable est la couleur jaune, sa couleur préférée, qui était partout.

Ba3édma t3achchayna, sâr baddna nékoul gatto, w sôrna kéllna nghanné : « Baddna nékoul gatto... » 3a lahén « happy birthday to you... ».	Après que nous avons dîné, nous avons voulu manger du gâteau et nous avons tous chanté : « nous voulons manger du gâteau... » sur la mélodie de « happy birthday to you... ».
Ba3édma nafakhit Samia w tôfyit l cham3at, 2âssit l gatto w sôrna nékoul.	Après que Samia a soufflé et éteint les bougies, elle a coupé le gâteau et nous avons commencé à manger.
Kéll wahad 3ôtéha hdiyyto, w layléta, shérna la 3aboukra.	Chacun lui a donné son cadeau et cette nuit-ci, nous avons veillé jusqu'au matin.

Attention à la prononciation de « **shérna** ». Ile ne faut pas prononcer le « **sh** » à l'anglaise comme si c'était un « **ch** », mais le « **s** » et le « **h** » distinctement.

4. Exercices

- Conjuguer quelques verbes au choix dans la liste.
- Relever tous les verbes ou les formes verbales du texte et indiquer leur temps ou leur mode.
- Rédiger quelques lignes relatives au thème.

5. Chanson d'anniversaire

La chanson mentionnée dans le texte sur la mélodie de « happy birthday to you... » est chantée pour rire. Toutefois, il existe une chanson plus officielle, avec la même mélodie, mais qui se prononce à cheval entre l'arabe littéraire et l'égyptien :

Sana hélwa ya gamil (bis)
Année belle ô beau
Sana hélwa ya habibi
Année belle ô mon amour
Sana hélwa ya gamil...

Dix-neuvième leçon : Les couleurs

1. Verbes

	Colorier	*Dessiner/ Peindre*	*Mélanger*	*Tracer*
Ac.	Lawwan	Rasam	Khâlat	Sâttâr
Ina.	Lawwin	Érsoum	Ôkhlout	Sâttir
Imp.	Lawwin	Rsom	Khlôt	Sâttir
P.a.	Mlawwin	Résim	Khâlit	Msâttir
P.p.	Mlawwan	Marsoum	Mâkhlout	Msâttâr
Mdr	Télwin	Rasém	Khâlét	Tôstir

2. Les couleurs

	Masculin	*Féminin*	*Pluriel*
Argent	**Fôddé**	**Fôddiyyé**	**Fôddiyyé**
Beige	**Béj**	**Béj**	**Béj**
Blanc	**Âbyâd**	**Bayda**	**Bid**
Bleu	**Azra2**	**Zar2a**	**Zéré2**
Bleu foncé	**Kéhlé**	**Kéhliyyé**	**Kéhliyyé**
Gris	**Rmédé**	**Rmédiyyé**	**Rmédiyyé**
Jaune	**Âsfar**	**Sâfra**	**Sôfor**
Marron	**Bénné**	**Bénniyyé**	**Bénniyyé**
Mauve	**Mauve**	**Mauve**	**Mauve**
Noir	**Aswad**	**Sawda**	**Soud**
Or	**Déhabé**	**Déhabiyyé**	**Déhabiyyé**
Orange	**Orange**	**Orange**	**Orange**
Pistache	**Fését2é**	**Fését2iyyé**	**Fését2iyyé**
Rose	**Zahér**	**Zahér**	**Zahér**
Rouge	**Ahmar**	**Hamra**	**Homor**
Vert	**Akhdâr**	**Khâdra**	**Khôdôr**
Violet	**Banafsajé**	**Banafsajiyyé**	**Banafsajiyyé**

Orange peut aussi se dire **laymouné**, mais il est très rare.

Certaines couleurs sont des noms propres. **Hamra** est un célèbre quartier de Beyrouth et **Sâfra** est le nom d'un village côtier de Kesrouan. De plus, il existe au Liban et au Moyen-Orient les familles : **Zar2a, Bayda, Khâdra, Ahmar** ou **Aswad.**

3. Vocabulaire

	Singulier	*Pluriel*
Carré	**Mrabba3**	**Mrabb3at**
Cercle	**Douwwayra**	**Douwwayrat**
Compas	**Bikar**	**Bikarat**
Couleur	**Lon**	**Alwén**
Crayon	**2alam**	**2lém**
Dessin	**Rasmé**	**Rasmét**
Gomme	**Méhhayé**	**Méhhayét**
Rectangle	**Moustâtil**	**Moustâtilét**
Règle	**Masétra**	**Masâtir**
Taille-crayon	**Mébrayé**	**Mébrayét**
Toile	**Lawha**	**Lawhat**
Triangle	**Mousallas**	**Mousallasét**

4. Texte

Sâhbé Marc résség kbir. Ktachaf l rasém méch mén zamén. 3éndo mawhabé faridé ana méch chéyif métla.	Mon ami Marc est un grand peintre. Il a découvert la peinture il n'y a pas longtemps. Il a un don unique dont je n'ai jamais vu de semblable.
Byhébb yérsoum aktar chi l tâbi3a la anno l akhdâr lawno l moufâddâl. Bé3té2id énno toufoulto bé l jabal léЗbit dor mhémm 3a ha l sâ3id.	Il aime dessiner le plus la nature parce que le vert est sa couleur préférée. Je crois que son enfance à la montagne a joué un rôle important sur ce plan.
Bass éjmélan Marc byhébb kéll l alwén mén doun éstésné2, ma3 énno bhéss énno byésta3mil ktir l aswad wou l ahmar ma3 l akhdâr.	Mais en général, Marc aime toutes les couleurs sans exception, bien que je sente qu'il utilise beaucoup le noir et le rouge avec le vert.
Holé aktar alwén ménchoufa bé lawhato.	Ce sont les couleurs qu'on voit le plus dans ses tableaux.

Ta yérsoum kéll yom, Marc lézmo 3éddit échya, métél l masétra masalan, l méhhayé aw l mébrayé. Ha l échya byéchtriya 3âtoul mén maktabit l Achrafieh, la anno bdâ3étoun déyman naw3iyyéta moumtézé.	Pour dessiner tous les jours, il faut à Marc plusieurs choses, comme la règle par exemple, la gomme ou le taille-crayon. Ces choses, il les achète toujours de la librairie d'Achrafieh, parce que leur marchandise est toujours de qualité excellente.
Lamma 2alamo ykoun baddo baré, byésta3mil l mébrayé ta yébri. W héké fi yérsoum khtout 3a lawéhto. W éza chi marra bya3mil ghalta, byékhoud méhhayto w bymahhé.	Quand son crayon doit être taillé, il utilise un taille-crayon pour le tailler. Et comme ça, il peut dessiner des lignes sur son tableau. Et si une fois il fait une erreur, il prend sa gomme et il efface.
Honik nhar 2a33adné 3a kérsé 3éndo bé l bét, hâtt hawlé kétoub, 2anninit nbid, kés, w 3éddit cham3at w rasamné. L lawha kénit râ23a.	Un jour il m'a fait asseoir sur une chaise chez lui à la maison, il a mis autour de moi des livres, une bouteille de vin, un verre (à vin) et plusieurs bougies et il m'a dessiné. Le tableau était magnifique.
Bé hayété méch rah énsa ha l nhar yallé tkhallad bé wastit l lawha yallé m3all2a bé daré. Minma yéjé la 3éndé, byés2alné : min rasam ha l téhfé ?	De ma vie je n'oublierai ce jour qui s'est éternisé par le biais du tableau accroché dans mon salon. N'importe quelle personne qui vient chez moi me demande : qui a dessiné cette œuvre d'art ?
W ana bébtésim wou bjéwib bé kéll fakhér : hayda sâhbé, fénnén kbir w farid, rasama khsousé la élé.	Et moi je souris et je réponds avec toute fierté : c'est mon ami, un grand et unique artiste, qui l'a dessinée spécialement pour moi.

Halla2 mazbout énno l fann ktir hélo, bass él akid énno ma fi ahla mnél sâda2a.	Maintenant il est vrai que l'art est très beau, mais ce qui est sûr, est qu'il n'y a rien de plus beau que l'amitié.

Minma veut dire « qui que » (voir chapitre 11 point 6), dans le sens de « n'importe quelle personne qui ».

5. Exercices

- Relever tous les verbes figurant dans le texte. Dire pour chacun à quel temps il est conjugué.
- Choisir plusieurs verbes et les conjuguer à tous les temps.
- Rédiger un paragraphe de quelques lignes sur le thème des couleurs.

Vingtième leçon : La voiture

1. Verbes

	Accélérer	*Nettoyer*	*Changer*	*Conduire*
Ac.	Sarra3	Nâddâf	Ghayyar	Sé2
Ina.	Sarri3	Nâddif	Ghayyir	Sou2
Imp.	Sarri3	Nâddif	Ghayyir	Sou2
P.a.	Msarri3	Mnâddif	Mghayyir	Séyi2
P.p.	Msarra3	Mnâddâf	Mghayyar	Ménsé2
Mdr	Tésri3	Tôndif	Téghyir	Swé2a

	Démarrer	*Garer*	*Appuyer /fouler*	*Louer*
Ac.	Dawwar	Sâff	Da3as	Sta2jar
Ina.	Dawwir	Sôff	Éd3as	Ésta2jir
Imp.	Dawwir	Sôff	D3as	Sta2jir
P.a.	Mdawwir	Sâfif	Dé3is	Mésta2jir
P.p.	Mdawwar	Mâsfouf	Mad3ous	Mousta2jar
Mdr	Tédwir	Sâff	Da3és	Té2jir

Ne pas confondre le verbe louer (location) avec le verbe « louer Dieu » (**sabbah**) et le verbe « faire nager » (**sabbah**).

	Ralentir	*Réparer*	*Tourner*	*Vendre*
Ac.	Bâttâ2	Sâllâh	Kawwa3	Bé3
Ina.	Bâtti2	Sâllih	Kawwi3	Bi3
Imp.	Bâtti2	Sâllih	Kawwi3	Bi3
P.a.	Mbâtti2	Msâllih	Mkawwi3	Béyi3
P.p.	Mbâttâ2	Msâllâh	Mkawwa3	Ménbé3
Mdr	Tôbti2	Tôslih	Tékwi3	Bé3

2. Vocabulaire

Il est à noter qu'une partie du vocabulaire relatif à la voiture est empruntée au français ou à l'anglais. Toutefois, sa prononciation est souvent bien déformée, selon les régions au Liban. Nous essayons de rendre compte, dans ce tableau, des termes utilisés les plus communs.

Français	*Libanais*	*Français*	*Libanais*
Accélérateur	**Da3sit él bénzin**	*Kilométrage*	**Kilométrage**
Accident	**Hadis**	*Moteur*	**Moteur**
Asphalte	**Zéfét**	*Mécanicien*	**Mécanicien**
Autoroute	**Autostrad**	*Miroir /rétroviseur*	**Mréyé**
Bouton	**Kabsé**	*Montée*	**Tâl3a**
Chauffeur	**Chauffeur**	*Panne*	**3ôtôl**
Circulation	**Sér**	*Pédale*	**Da3sé**
Clef	**méftéh**	*Phare*	**Dâww**
Clignotant	**Ichara**	*Porte*	**Béb**
Coffre	**Sandou2**	*Roue /pneu*	**Douléb**
Croisement	**Msâllbiyyé**	*Pare-chocs*	**Tamponé**
Cuir	**Jéléd**	*Parking*	**Parking /maw2af**
Derrière	**Wara**	*Passager*	**Rékib**
Descente	**Nazlé**	*Pompe à essence*	**Mhâttit bénzin**
Devant	**2éddém**	*Radiateur*	**Radiateur**
Diesel	**Mézout**	*Route*	**Târi2**
Droite	**Yamin**	*Serrure*	**2éfél**
Échappement	**Échappeman**	*Siège*	**Ma23ad**
Embouteillage	**3aj2it sér**	*Tableau*	**Tablo**
Embrayage	**Doubriyyage**	*Tout droit*	**Déghré**
Entretien	**Siyané**	*Travaux*	**Achghal**
Essence	**Bénzin**	*Trou*	**Joura**
Fenêtre	**Chébbék**	*Vitesse (boîte)*	**Vitèsse**
Frein	**Frém**	*Vitesse (Km)*	**Sér3a**
Gonfleur	**Manfakh**	*Virage*	**Kou3**
Garage	**Garage**	*Vitre*	**2zéz**
Gauche	**Chmél**	*Voiture*	**Siyyara /3arabiyyé**
Huile	**Zét**	*Volant*	**Direction**

3. Particularités

- Le pare-brise : **l 2zéz l 2édméné** (de **2éddém** qui veut dire devant. Traduction littérale : la vitre de devant).
- Le feu de route : **l dâww él 3alé** (le phare haut).
- Le feu de croisement : **l dâww él wâté** (le phare bas).
- Le frein : **frém él éjér** (le frein à pied).
- Le frein à main : **frém él id**.
- Le rétroviseur : **l mréyé** (miroir).

4. Texte

Sta2jarét siyyara bé Bayrout, ktir hélwé. Kéll yom kénét sou2a w wala marra sâr ma3é méchéklé.	J'ai loué une voiture à Beyrouth, très belle. Chaque jour je la conduisais et aucune fois je n'ai eu un problème.
3aboukra, kénét énzal mnél bét bakkir w dawwéra. Ana w séyi2 3a l târi2, kénét éttâlla3 bé mréyit él yamin wou mréyit él chmél ta ma a3mil hadis.	Le matin, je descendais de la maison tôt et je la démarrais. En conduisant sur la route, je regardais dans le rétroviseur droit et dans le rétroviseur gauche pour ne pas faire d'accident.
Bét Hanna méch b3id 3an bayté. Ta rouh la 3éndo, kénét sou2 déghré, w mén ba3édma ékhoud awwal kou3 3a l yamin, kénét kawwi3 3a l chmél.	La maison de Jean n'est pas loin de ma maison. Pour aller chez lui, je conduisais tout droit et après avoir pris le premier virage à droite, je tournais à gauche.
Éza sré3ét ktir, kénét zaghghir vitesse ta khaffif séré3té. Bé l lél, kénét dâwwé l dâww él 3alé la anno kén fi 3atmé.	Si j'allais très vite, je changeais de vitesse pour ralentir ma vitesse. La nuit, j'allumais les feux de route parce qu'il y avait de l'obscurité.
Marra fa2a3 doulébé, w njabarét ghayyro. L douléb	Une fois, mon pneu a explosé et j'ai été obligé de le changer.

él spair kén mnaffas, ba2a sta3malét él manfakh ta énéfkho. W ba3dén, hâttét l douléb l mafkhout bé l sandou2.	Le pneu de secours était dégonflé, alors j'ai utilisé le gonfleur pour le gonfler. Et ensuite, j'ai mis le pneu crevé dans le coffre.
Marra kénét méché 3a l autostrad wou njabarét ôdroub frém bé 3énéf. Ntaza3it él siyyara. Réhét la 3énéd él mécanicien ta sâlléha.	Une fois, je roulais sur l'autoroute, et j'ai été obligé de freiner violemment. La voiture est tombée en panne. Je suis allé chez le mécanicien pour la réparer.
2allé énno l moteur té3bén wou l échappeman manzou3 wou l doubriyyage maksour. Njabarét ékhoud taxi ta érja3 3a l bét, w kén fi ktir 3aj2a.	Il m'a dit que le moteur était fatigué et que l'échappement était détraqué et que l'embrayage était cassé. J'ai été obligé de prendre un taxi pour retourner à la maison et il y avait beaucoup d'embouteillages.
Nchallah ma koun ya22asétkoun bé ha l ôssa l wahmiyyé. Âsdé bass farjikoun kif mnésta3mil l kalimét bé l jémal.	J'espère que je ne vous ai pas déprimés avec cette histoire imaginaire. Mon intention est seulement de vous montrer comment on utilise les mots dans les phrases.

5. Exercices

- Relever tous les verbes figurant dans le texte. Dire pour chacun à quel temps il est conjugué.
- Choisir plusieurs verbes et les conjuguer à tous les temps.
- Rédiger un paragraphe de quelques lignes sur le thème de la voiture.

Vingt et unième leçon : Le corps

1. Verbes

	Tenir	*Utiliser*	*Travailler*	*Voir*
Ac.	Masak	Sta3mal	Chtaghal	Chéf
Ina.	Émsouk	Ésta3mil	Échtéghil	Chouf
Imp.	Msok	Sta3mil	Chtéghil	Chouf
P.a.	Mésik	Mésta3mil	Chéghil	Chéyif
P.p.	Mamsouk	Mésta3mal	Machghoul	Ménchéf
Mdr	Masék	Ésté3mél	Chéghél	Chawfé

	Être	*Tourner*	*Brosser /frotter*	*Se raser*
Ac.	Kén	Baram	Farak	Hala2
Ina.	Koun	Ébroum	Éfrouk	Éhlou2
Imp.	Koun	Brom	Frok	Hlo2
P.a.	Kéyin	Bérim	Férik	Héli2
P.p.	-	Mabroum	Mafrouk	Mahlou2
Mdr	Kayén	Barém	Farék	Hlé2a

2. Vocabulaire

	Singulier	*Pluriel*
Bassin	**Hâwd**	**Ahwâd**
Bouche	**Témm**	**Tmém**
Bouton	**Habbé**	**Hboub**
Cheveux	**Cha3ra**	**Cha3rat/Cha3ér**
Cil	**Réméch**	**Rmouch**
Cœur	**2aléb**	**2loub**
Corps	**Jésém**	**Ajsém**
Cou	**Ra2bé**	**R2éb**
Coude	**Kou3**	**Kwé3**
Cuisse	**Fâkhéd**	**Fkhâd**
Dent	**Sénn**	**Snén**
Doigt	**Ôsbi3**	**(Â)sâbi3**
Dos	**Dâhér**	**Dhour**
Épaule	**Kétéf**	**Ktéf**

Estomac	**Mé3dé**	**Mé3dét**
Fesses	**Tiz** (légèrement grossier)	**Tizén /Tyaz**
Foie	**Kébéd**	**Akbéd**
Genoux	**Rékbé/Sâbounit** (savon) **l éjér**	**Rékab/Sâbounét l éjér**
Graisse	**Chahém**	**Chahmét**
Joue	**Khadd**	**Khdoud**
Langue	**Lsén**	**Lsénét**
Larme	**Dam3a**	**Dmou3**
Lèvre	**Chéffé**	**Chféf**
Main	**Id**	**Idén/Ayédé**
Menton/Barbe	**Da2én**	**D2oun**
Muscle	**3âdâl**	**3âdâlat**
Nez	**Ménkhar**	**Mnékhir**
Œil	**3én**	**3youn**
Ongle	**Dôfor**	**Dâfir**
Oreille	**Dén/Dayné**	**Dinén**
Pied	**Éjér**	**Éjrén**
Poitrine/Torse	**Sôdôr**	**Sdour**
Salive	**Baz2a**	**Baz2at/Bza2**
Sein	**Bézz** (légèrement grossier)	**Bzéz**
Sourcil	**Héjib**	**Hwéjib**
Talon	**Kéhil**	**Kawéhil**
Tête	**Ras**	**Rous**
Ventre	**Bâtén**	**Btoun**

3. Phrases utiles

- Lamma baddé émsouk chi, bésta3mil idé.
Lorsque je veux tenir quelque chose, j'utilise ma main.

- Bass baddé ékoul chi, bésta3mil témmé.
Lorsque je veux manger quelque chose, j'utilise ma bouche.

- L jésém mawsoul bé l ras bé wastit l ra2bé.
Le corps est lié à la tête par l'intermédiaire du cou.

- Aw2at, bass échtéghil ktir, byouja3né dâhré.
Parfois, lorsque je travaille beaucoup, j'ai mal au dos.

- Ta é2dir choufak, lézim éttâlla3 fik bé 3inayyé.
Pour que je puisse te voir, je dois te regarder avec mes yeux.

- Mbérih akalét ktir, 3am byouja3né bâtné.
Hier j'ai trop mangé, j'ai mal au ventre.

- Bé 3ômér l mourahaka, fi ktir bykoun 3éndoun hboub 3a jbinoun.
À l'âge de l'adolescence, il y a beaucoup qui ont des boutons sur leur front.

- Yallé bya3mil riyâda, bysiro 3âdâlato kbar.
Celui qui fait du sport, ses muscles deviennent grands.

- Dâfiré twal, lézim 2ôssoun.
Mes ongles sont longs, je dois les couper.

- Éza ma farakét snénak kéll yom, bysawwso.
Si tu ne te brosses pas tes dents tous les jours, tu auras des caries (**sawwas/sawwis** = avoir des caries).

- Khdoudik hélwin.
Tes joues sont belles.

- L énsén 3éndo 3achér sâbi3.
L'être humain a dix doigts.

- Éza l wahad chérib ktir kouhoul, byéntézi3 kébdo.
Si quelqu'un boit beaucoup d'alcool, son foie s'endommage.

- Akél l zét wou l zébdé bya3mil chahém 3a l 2aléb.
Manger de l'huile et du beurre fait de la graisse sur le cœur.

- Ma bhébb hadan yébrémlé dâhro.
Je n'aime pas que quelqu'un me tourne son dos.

- Marté cha3ra ach2ar w ménkhara ktir hélo.
Ma femme a les cheveux blonds et le nez très beau.

- Lamma ét3ab, bmédd éjrayyé ta értéh.
Lorsque je suis fatigué, j'allonge mes pieds pour me reposer.

- Béhlou2 da2né yom é yom la2.
Je me rase la barbe, un jour oui, un jour non (un jour sur deux).

Vingt-deuxième leçon : Sortir danser

1. Verbes

	Danser	*Sortir*	*Être ivre*	*Vomir*
Ac.	Ra2âs	Dâhar	Sékir	Stafragh
Ina.	Ôr2ous	Ôdhar	Éskar	Éstafrigh
Imp.	R2ôs	Dhar	Skar	Stafrigh
P.a.	Râ2is	Dâhir	Sékran	Méstafrigh
P.p.	Mar2ous	-	-	-
Mdr	Râ2és	Dâhra	Sékér	Éstéfragh

	Faire connaissance	*S'amuser*	*Être fatigué*	*Séduire*
Ac.	T3arraf	Tsalla	Té3ib	Ghéré
Ina.	Ét3arraf	Étsalla	Ét3ab	Éghré
Imp.	T3arraf	Tsalla	T3ab	Ghri
P.a.	Mét3arrif	Métsallé	Té3bén	Ghéré
P.p.	Mét3arraf	Métsalla	Mat3oub	Ménghéré
Mdr	Ta3arrof	Tésléyé	Ta3ab	Éghra2

Le verbe **t3arraf** est normalement suivi de la particule **3a**. Exemple : **Mébérih t3arrafét 3a bayyak** (hier j'ai fait la connaissance de ton père).

2. Vocabulaire

	Singulier	*Pluriel*
Addition	**Hséb**	**Hsébét**
Ami	**Sâhib**	**Âshab**
Amie	**Sâhbé**	**Sâhbét**
Beauté	**Jamél**	**Jamélét**
Chaussures	**Sôbbât**	**Sbâbit**
Danse	**Râ2sa**	**Râ2sât**
Fille	**Bénét**	**Banét**
Garçon	**Sâbé**	**Sôbyén**
Jeune fille	**Sâbiyyé**	**Sâbaya**
Jeune homme	**Chabb**	**Chabéb**
Jupe	**Tannoura**	**Tnénir**
Musique	**Mousi2a**	**Mousi2at**

Restaurant	**Mât3am**	**Mâtâ3im**
Séduction	**Éghra2**	**Éghra2at**
Soirée	**Sahra**	**Sahrat**
Table	**Tâwlé**	**Tâwlét**
Verre	**Kébbéyé**	**Kébbéyét**
Verre d'alcool	**Kés**	**Kését**

3. Texte

Bhébb ôdhar ma3 âshabé l sabét 3achiyyé. Mnékhoud l siyyara w ménrouh 3a Jounieh.	J'aime sortir avec mes amis le samedi soir. Nous prenons la voiture et nous allons à Jounieh.
W akid, ma lézim nénsa énno bé ha l wa2ét, lézim nédfa3 déyman dâribit 3aj2it él sér yallé ma btokhlâs.	Et certes, nous ne devons pas oublier qu'à ce moment, il faut payer la taxe des bouchons qui ne finissent pas.
Honik, fi night club ktir mnih w ma3rouf. L mousi2a ktir hélwé fi wou l chéréb méch ghalé.	Là-bas, il y a une boîte de nuit très bien et connue. La musique y est très belle et la boisson n'est pas chère.
W aham chi énno l banét yallé byrouho la honik ktir hélwin w ânikin.	Et le plus important est que les filles qui vont là-bas sont très belles et élégantes.
Bhébb ktir échrab kés lamma ôdhar, bass ma bhébb éskar abadan, wala bhébb éstafrigh.	J'aime beaucoup boire un verre lorsque je sors, mais je n'aime pas être ivre du tout, ni je n'aime vomir.
Sâhbé Jamil t3allam l râ2és bé madrasé moutakhâssisa. Ménhébb énno yôdhar ma3na la anno ra2so ktir hélo.	Mon ami Jamil a appris à danser dans une école spécialisée. Nous aimons qu'il sorte avec nous parce que sa danse est très belle.

Sâbah mahwousé bé l râ2és. Kéll marra mnôdhar nôr2ous, bétdâlla tôr2ous la ékhir lahza. W lézim néjbéra twa22if ta né2dir nerja3 3a l bét.	Sabah est obsédée par la danse. À chaque fois que nous sortons danser, elle reste à danser jusqu'au dernier instant. Et il faut que nous l'obligions à arrêter pour que nous puissions retourner à la maison.
Khalil ma byhébb l chéréb. Houwwé riyâdé wou byéntébih la sôhhto bé hawas. Hayda chi ktir mnih la anno houwwé bysou2 3âtoul bé l raj3a.	Khalil n'aime pas boire (de l'alcool). Il est sportif et fait attention à sa santé avec obsession. C'est quelque chose de très bien parce c'est lui qui conduit toujours sur le chemin de retour.
L râ2és té3bir fanné ktir hélo, byésta3émlo l énsén ta yghayyir jaww w ta y3abbir 3an faraho.	La danse est une expression artistique très belle que l'être humain utilise pour changer d'ambiance et pour exprimer sa joie.
Baddé dâllné ôr2ous w ghanné la ékhir nafas bé hayété.	Je veux toujours (rester à) danser et chanter jusqu'au dernier souffle de ma vie.

4. Exercices

- Conjuguer quelques verbes au choix dans la liste.
- Relever tous les verbes ou les formes verbales du texte et indiquer leur temps ou leur mode.
- Rédiger quelques lignes relatives au thème.
- Traduire les phrases suivantes en libanais :

Tes copines sont belles.
Nous allons sortir danser.
J'ai trop bu mais je ne vais pas vomir.
Il a dansé jusqu'au matin.
Il lui a demandé s'il pouvait faire sa connaissance.

Vingt-troisième leçon : La politique

1. Verbes

	Voter	*Gagner*	*Présider*	*Tricher*
Ac.	Ntakhab	Rébih	Tra22as	Za3bar
Ina.	Éntékhib	Érbah	Étra22as	Za3bir
Imp.	Ntékhib	Rbah	Tra22as	Za3bir
P.a.	Méntékhib	Rébih	Métra22is	Mza3bir
P.p.	Mountakhab	Marbouh	Métra22as	Mza3bar
Mdr	Intikhab	Rébéh	Tara22os	Tzo3bour

	Démisionner	*Diriger*	*Gouverner*	*Ordonner*
Ac.	Sta2al	2ad	Hakam	2amar
Ina.	Ésta2il	2oud	Éhkoum	O2mour
Imp.	Sta2il	2oud	Hkom	2mor
P.a.	Mésta2il	2éyid	Hékim	2amir
P.p.	-	Mén2ad	Mahkoum	Ma2mour
Mdr	Isti2alé	2iyédé	Hékém	2amér

	Obliger	*Nommer*	*Politiser*	*Mentir*
Ac.	Jabar	3ayyan	Sayyas	Kazzab
Ina.	Éjbour	3ayyin	Sayyis	Kazzib
Imp.	Jbor	3ayyin	Sayyis	Kazzib
P.a.	Jébir	M3ayyin	Msayyis	Mkazzib
P.p.	Majbour	M3ayyan	Msayyas	Mkazzab
Mdr	Jabér	Té3yin	Tésyis	Kézéb

2. Vocabulaire

	Singulier	*Pluriel*
Armée	**Jéch**	**Jyouch**
Candidat	**Mrachchah**	**Mrachchhin**
Citoyen	**Mouwâtin**	**Mouwâtnin**
Conseil	**Majlis**	**Majélis**
Député	**Néyib**	**Nouwwéb**
Droite	**Yamin**	**-**
Élection	**Intikhab**	**Intikhabét**
État	**Dawlé**	**Douwal**

Gauche	**Yasar**	-
Gouvernement	**Houkoumé**	**Houkoumét**
Guerre	**Haréb**	**Hroub**
Maire	**Mékhtar**	**Mkhétir**
Mairie	**Baladiyyé**	**Baladiyyét**
Milice	**Milichya**	**Milichyét**
Ministre	**Wazir**	**Wouzara**
Ministère	**Wizara**	**Wizarat**
Nation	**Oummé**	**Oumam**
Opposition	**Mou3arâda**	**Mou3arâdât**
Paix	**Salém**	-
Parti	**Hézéb**	**Ahzéb**
Patrie	**Wâtân**	**Âwtân**
Pays	**Balad**	**Béldén/bléd**
Peuple	**Cha3éb**	**Ch3oub**
Politique	**Siyésé**	**Siyését**
Président	**Ra2is**	**Ré2asa**
Régime	**Nizâm**	**Anzimé**
République	**Joumhouriyyé**	**Joumhouriyyét**
Résistance	**Mou2éwamé**	**Mou2éwamét**
Réunion	**Ijtimé3**	**Ijtimé3at**
Révolution	**Sawra**	**Sawrat**

3. Divers

- **Ra2is l joumhouriyyé :** le président de la République.
- **Ra2is majlis l nouwwéb :** le président de l'Assemblée.
- **Ra2is majlis l wouzara :** le Premier ministre.

4. Texte

Ana khlé2ét bé awwal l haréb l lébnéniyyé, bé madinit Bayrout, téhdidan bé mantâ2it l Achrafieh.	Je suis né au début de la guerre libanaise, à la ville de Beyrouth, précisément dans la région d'Achrafieh.
Baytna kén hadd knisit mar Mitr, l knisé yallé ktir machhoura bé ma2abéra l kbiré.	Notre maison était à côté de l'église de saint Dimitrios, l'église qui est très célèbre grâce à son grand cimetière.

Bé khilél l haréb, l 3alam ma kéno yé2édro yéntékhbo nouwwéboun, la anno l dawlé ma kénit 2édra tnâzzim intikhabét.	Au cours de la guerre, les gens ne pouvaient pas élire leurs députés, parce que l'État ne pouvait pas organiser des élections.
Baynétna, l dawlé ma kénit hatta mawjoudé. Kénit ghéybé la anno l milichyét wou l ihtilélét kéno méthakkmin bé Lébnén.	Entre nous, l'État n'existait même pas. Il était absent parce que les milices et les occupations contrôlaient le Liban.
Bass l nouwwéb kéno yéjtém3o bé majlis l nouwwéb w yéntékhbo ra2is la l joumhouriyyé.	Mais les députés se réunissaient au conseil des députés et élisaient un président de la République.
Lamma khôlsit l haréb, séfarét 3a Oroppa ta échtéghil. W kéll marra kén ykoun fi intikhabét, ma kénét koun bé Lébnén.	Lorsque la guerre est finie, j'ai voyagé en Europe pour travailler. Et à chaque fois qu'il y avait des élections, je n'étais pas au Liban.
Hayda chi kén ktir yza33élné la anno l intikhab ha22, w baddé chérik bé mésta2bal baladé 3abér sâwté.	C'est quelque chose qui m'attristait parce que l'élection est un droit, et je veux participer à l'avenir de mon pays à travers ma voix.
Bass ana wou ktir lébnéniyyé méghtérbin nbâsâtna ktir mén kém séné, la anno halla2, sâr fina nrouh 3a safarit baladna, wénma kénna, w néntékhib.	Mais moi et beaucoup de Libanais de la diaspora avons été très contents il y a quelques années, parce que désormais (maintenant), nous pouvons aller à l'ambassade de notre pays, où que nous soyons, et voter.

Ma2abéra (**ma2bara,** tombeau, **ma2abir** pl.), « ses tombeaux » littéralement, pour dire « cimetière ».

5. Exercices

- Conjuguer quelques verbes au choix dans la liste.
- Relever tous les verbes ou les formes verbales du texte et indiquer leur temps ou leur mode.
- Rédiger quelques lignes relatives au thème.
- Traduire les phrases suivantes en libanais :

Au Liban, le peuple élit les députés.
Le conseil des ministres se réunit une fois par semaine.
Le président de la République peut présider à cette réunion.
Il y a beaucoup de chefs de l'armée qui sont devenus présidents de la République au Liban.
Le président de la République et le président de l'Assemblée sont élus par les députés.
Le mois prochain, il y aura des élections au Liban.

Vingt-quatrième leçon : La musique

1. Verbes

	Enseigner	*Apprendre*	*Jouer la musique*	*Composer*
Ac.	3allam	T3allam	Da22	2allaf
Ina.	3allim	Ét3allam	Dé22	2allif
Imp.	3allim	T3allam	Dé22	2allif
P.a.	M3allim	Mét3allim	Dé2i2	M2allif
P.p.	M3allam	Mét3allam	Mad2ou2	M2allaf
Mdr	3élém	Té3lim	Da22	Té2lif

Le verbe « **da22** » a principalement le sens de « frapper ». Pour la musique il est utilisé dans le sens de « jouer ». Le verbe « **lé3ib** » (jouer) est rarement utilisé pour « jouer de la musique ».

	Écouter	*Chanter*	*Danser le dabké*	*Préférer*
Ac.	Sémi3	Ghanna	Dabak	Fâddâl
Ina.	Ésma3	Ghanné	Édbouk	Fâddil
Imp.	Sma3	Ghanné	Dbok	Fâddil
P.a.	Sémi3	Mghanné	Débik	Mfâddil
P.p.	Masmou3	Mghanna	Madbouk	Mfâddâl
Mdr	Sama3	Ghéna	Dabék	Tôfdil

2. Vocabulaire

	Singulier	*Pluriel*
Chanson	**Ghénniyyé**	**Aghéné**
Chanteur	**Moughanné**	**Moughanniyin**
Compositeur	**Mou2allif**	**Mou2allfin**
Duo	**Souné2é**	-
Instrument de musique	**Élé mousi2iyyé**	**Élét mousi2iyyé**
Mélodie	**Lahén**	**Alhan**
Morceau (de musique)	**Mâ2tou3a (mousi2iyyé)**	**Ma2tou3at (mousi2iyyé)**
Musique	**Mousi2a**	**Mousi2at**
Note (de musique)	**Nôta**	**Nôtét**

Occident	**Gharéb**	-
Occidental	**Gharbé**	**Gharbiyyé**
Orient	**Charé2**	-
Oriental	**Char2é**	**Char2iyyé**
Rythme	**Ikâ3**	**Ikâ3at**
Village	**Dây3a**	**Diya3**
Ville	**Madiné**	**Modon**

3. Texte

Néhna bé Lébnén ménhébb ktir l mousi2a. W bima énno Lébnén maw2a3o bén l charé2 wou l gharéb, néhna mnésma3 3éddit anwé3 mousi2a. Bass akid, aghlabiyyétna ménfâddil l mousi2a l char2iyyé, w bé l akhâss l lébnéniyyé.	Nous, au Liban, aimons beaucoup la musique. Et puisque le Liban a sa position entre l'Orient et l'Occident, nous écoutons plusieurs genres de musique. Mais certainement, notre majorité préfère la musique orientale, et plus spécialement la libanaise.
Lébnén 3éndo mousi2to l ta2lidiyyé, métél l houwwara wou l dal3ouna. Ba3éd fi ktir nés byhébbo ha l mousi2a, bé l akhâss bé l jbél wou bé l diya3. W lamma na3mil zaffé la l 3érés, ménghanné 3adatan aghéné ta2lidiyyé. L mousi2a l ta2lidiyyé l lébnéniyyé ktir mniha la râ2és l dabké.	Le Liban possède sa musique traditionnelle, comme la « houwwara » et la « dal3ouna ». Il y a encore beaucoup de gens qui aiment cette musique, surtout dans les montagnes et dans les villages. Et lorsque nous faisons une zaffé (danse de mariage) pour le mariage, nous chantons normalement des chansons traditionnelles. La musique traditionnelle libanaise est très bien pour la danse de la dabké.
Ta2lidiyyan, l lébnéné byhébb yésma3 3aboukra Fayrouz, aw hatta Wadi3 él Sâfé. Bass l wahad yrouh	Traditionnellement, le Libanais aime écouter le matin Fayrouz ou même Wadih él Safé. Lorsque quelqu'un va le matin

3aboukra 3a chéghlo, bé siyyarto aw bé l service, bykoun fi 3adatan aghéné la Fayrouz 3a l radio.	à son travail, en voiture ou en taxi, il y a normalement des chansons de Fairouz à la radio.
L lébnéniyyé byhébbo kamén l aghéné l mâsriyyé, ya3né aghéné Oum Koulthoum aw 3abdél Halim, aw 3abdél Wahab… Ba3rif, ba3rif, ha l aghéné sô3bé la l ajyél él jdidé.	Les Libanais aiment aussi les chansons égyptiennes, c'est-à-dire les chansons de Oum Koulthoum, de Abdél Halim ou de Abdél Wahab… Je sais, je sais, ces chansons sont difficiles pour les nouvelles générations.
Fi ktir nés byhébbo l aghéné l ajnabiyyé, frénséwé aw énglizé. Wou l chabéb byésma3o ktir mousi2a pop, rap, rock aw metal, w bé l akhâss transe aw electro bass yrouho yésharo w yorô2so.	Il y a beaucoup de gens qui aiment les chansons étrangères, françaises ou anglaises. Et les jeunes écoutent beaucoup de musique pop, rap, rock ou métal, et surtout transe ou électro lorsqu'ils vont veiller et danser.
Ktir nés byét3allamo mousi2a w bysiro yghanno aw ydé22o 3ala élé. Fi 3énna ktir élét mousi2iyyé bé l charé2, ahammoun l 3oud wou l 2énoun wou l nay. Bâ3éd l 3alam byhébbo l mousi2a l klassikiyyé, w byét3allamo l da22 3a l piano, 3a l guitare aw 3a l kamanja.	Beaucoup de gens apprennent la musique et se mettent à chanter ou à jouer sur un instrument. Il y a chez nous beaucoup d'instruments musicaux en Orient, dont les plus importants sont le oud, le kanoun et le nay. Certaines gens aiment la musique classique et apprennent à jouer du piano, de la guitare ou du violon.
Ya rét l 3alam byhébbo l mousi2a bé Lébnén addma byhébbo l siyésé ; kénit l haréb btokhlâs la l abad.	J'aurais souhaité que les gens aiment la musique au Liban autant que la politique ; la guerre serait finie pour toujours.

4. Exercices

- Conjuguer quelques verbes au choix dans la liste.
- Relever tous les verbes ou les formes verbales du texte et indiquer leur temps ou leur mode.
- Rédiger quelques lignes relatives au thème.
- Traduire les phrases suivantes en français :

Ayya no3 mousi2a btésma3 ?
Bétdé22 mousi2a ?
Béthébb tghanné ?
Tâli3 3a bélé ét3allam mousi2a.
L mousi2a léghgha 3alamiyyé.

Vingt-cinquième leçon : Le sport

1. Verbes

	Entraîner	*S'entraîner*	*S'inscrire*	*Chasser*
Ac.	Marran	Tmarran	Tsajjal	Châhât
Ina.	Marrin	Étmarran	Étsajjal	Échhât
Imp.	Marrin	Tmarran	Tsajjal	Chhât
P.a.	Mmarrin	Métmarrin	Msajjil	Châhit
P.p.	Mmarran	Métmarran	Msajjal	Machhout
Mdr	Témrin	Témrin	Tésjil	Châhét

	Grossir	*Persévérer*	*Maigrir*	*Tirer*
Ac.	Nôsih	Sébar	Dô3if	Chadd
Ina.	Ônsâh	Sébir	Ôd3af	Chédd
Imp.	Nsâh	Sébir	D3af	Chédd
P.a.	Nôshan	Msébir	Dô3fan	Chédid
P.p.	-	Msébar	-	Machdoud
Mdr	Nâsâha	Mousébara	Dô3éf	Chadd

Notez la ressemblance entre le verbe « grossir » (**nôsih/ônsâh**) et le verbe « conseiller » (**nâsâh/ônsâh**) en libanais.

2. Vocabulaire

	Singulier	*Pluriel*
Championnat	**Boutoulé**	**Boutoulét**
Club	**Nédé**	**Nawédé/Andiyé**
Corde	**Habél**	**Hbél**
Épreuve/match	**Moubarat**	**moubarayét**
Entraînement	**Témrin**	**Tamarin**
Entraîneur	**Mdarrib**	**Mdarrbin**
Gain	**Rébéh**	**Arbéh**
Gants	**Kaff**	**Kfouf**
Maladie	**Marâd**	**Amrâd**
Miroir	**Mréyé**	**Mréyét**
Mouvement	**Haraké**	**Harakét**
Muscle	**3âdâl**	**3âdâlat**
Perte	**Khsara**	**Khsarat**
Poids	**Hadidé**	**Hadid/Hadéyid**

Salle	**Sâla**	**Sâlat**
Santé	**Sôhha**	-
Sport	**Riyâda**	**Riyâdât**
Terrain	**Mal3ab**	**Malé3ib**
Victoire	**Foz**	-

3. Texte

Bhébb l riyâda mén ana w zghir. Ménchén héké, ballachét étmarran mén ana w 3ômré 12 séné. Awwal nédé tsajjalét fi kén hadd bayté. Jarrabét ktir anwé3 riyâda, bass habbét aktar chi l riyâda l itéliyyé.	J'aime le sport depuis que je suis petit. C'est pour cela (que) j'ai commencé à m'entraîner depuis que j'avais 12 ans. Le premier club dans lequel je me suis inscrit était à côté de ma maison. J'ai essayé plusieurs genres de sport, mais j'ai aimé le plus le sport de combat.
L riyâda mhémmé la élé la anno bétkhalliné héss halé horr. Bé l akhâss énno l riyâda btéchhât l amrâd wou l wahad bysir jésmo hélo.	Le sport est important pour moi parce qu'il me permet de me sentir libre. D'autant que le sport chasse les maladies et (que) l'individu a désormais un beau corps.
Fi 3alam by2oulo énno yallé byékbaro 3âdâlato, byozgharo 3a2léto. Ktachafét mén wara ktir 3alam énno ha l matal mazbout, w énno l wahad méch bass lézim ymarrin 3âdâlato, bass lézim kamén ymarrin 3a2lo.	Il y a des gens qui disent que celui dont les muscles grandissent, son cerveau se rapetisse. J'ai découvert grâce à beaucoup de gens que ce dicton est exact, et que l'on ne doit pas seulement entraîner ses muscles, mais aussi entraîner sa raison.
Mén zamén kénét a3mil riyâda kéll yom, bass ékhir méddé, ya3né mén kém séné,	Naguère, je faisais du sport tous les jours, mais durant la dernière période, c'est-à-dire

ma ba2a 3éndé wa2ét ktir. L hayét 3énda ktir moutâtâllibét aw2at.	depuis quelques années, je n'ai plus beaucoup de temps. La vie a beaucoup d'exigences parfois.
Niyyél âshabé yallé zourouf hayétoun btésmahloun yétdarrabo métélma baddoun. Hénné ktir mahzouzin.	J'envie mes amis dont les conditions de vie leur permettent de s'entraîner comme ils veulent. Ils sont très chanceux.
Haliyyan, ba3mil riyâda marrtén aw tlété bé l jém3a, w aw2at a2al. W ma 3édét a3mil riyâda itéliyyé la anno ma fi wa2ét. Bass brouh bérkoud w ba3mil harakét bé l bét.	Actuellement, je fais du sport deux ou trois fois par semaine, et parfois moins. Et je ne fais plus de sport de combat parce qu'il n'y a pas de temps. Seulement je vais courir et je fais des mouvements à la maison.
Chi nhar, rah érja3 étsajjal bé l nédé métél abél. Yimkin ana wou wlédé lamma yékbaro chway. W mén halla2 la wa2ta, rah éntébih la bâtné…	Un jour, je me réinscrirai au club comme avant. Peut-être moi et mes enfants lorsqu'ils grandiront un peu. D'ici là, je vais faire attention à mon ventre.

4. Exercices

- Conjuguer quelques verbes au choix dans la liste.
- Relever tous les verbes ou les formes verbales du texte et indiquer leur temps ou leur mode.
- Rédiger quelques lignes relatives au thème.

Vingt-sixième leçon : Les religions au Liban

1. Verbes

	Prier	*Jeûner*	*Prêcher (chrétiens)*	*Prêcher (musulmans)*
Ac.	Sâlla	Sâm	Wâ3âz	Khâtâb
Ina.	Sâllé	Soum	Ouw3âz	Ôkhtoub
Imp.	Sâllé	Soum	W3âz	Khtôb
P.a.	Msâllé	Sâyim	Wâ3iz	Khâtib
P.p.	Msâlla	-	Maw3ouz	Makhtoub
Mdr	Sâla	Syém	Wâ3éz	Khâtéb

	Célébrer la messe	*Chanter le Coran*	*Chanter à l'église*	*Faire des ablutions*
Ac.	2addas	2azzan	Rattal	Twâdda
Ina.	2addis	2azzin	Rattil	Étwâdda
Imp.	2addis	2azzin	Rattil	Twâdda
P.a.	M2addis	M2azzin	Mrattil	Métwâddé
P.p.	M2addas	M2azzan	Mrattal	Métwâdda
Mdr	Té2dis	Té2zin	Tértil	Touwdâyé

2. Vocabulaire

	Singulier	*Pluriel*
Baptême	**3médé**	**3médét**
Bible	**Ktéb m2addas**	**Kétoub m2addasé**
Chapelet	**Masbaha**	**Masébih**
Chrétien	**Masihé**	**Masihiyyé**
Circoncision	**Khitén**	**Khiténét**
Cloche	**Jaras**	**Jras**
Confession	**Tâyfé**	**Tâwayif**
Confessionnalisme	**Tâ2ifiyyé**	**Tâ2ifiyyét**
Coran	**Kôr2an/Mâshaf**	**Kâra2in/Mâsâhif**
Église	**Knisé**	**Kanéyis**
Évêque	**Môtran**	**Mtârin**
Funérailles	**Dafén**	**Dfouné**
Imam	**Chékh**	**Chyoukha**
Invocation	**Dou3a2**	**Ad3iyé**

Juif	**Yéhoudé**	**Yéhoud**
Messe	**2éddés**	**2dédis**
Minaret	**Ma2zané**	**Ma2ézin**
Mosquée	**Jémi3/Masjid**	**Jawémi3/Maséjid**
Musulman	**Méslim**	**Éslém/Mésélmin**
Philosophie	**Falsafé**	**Falsafét**
Prêtre	**Khouré**	**Khwarné**
Prière	**Sâla**	**Sâlawét**
Religion	**Din/Dyéné**	**Adyén**
Théologie chrétienne	**Léhout**	**Léhoutiyyét**
Théologie musulmane	**Fiqh**	-

3. Texte

Lébnén balad ta3addoudé ménlé2é fi ktir tâwâyif. Fi téhdidan 18 tâyfé, ahammoun : l mwarné, l roum l orthodoxe, l roum l catholique, l sénna, l chi3a wou l drouz.	Le Liban est un pays pluraliste où nous trouvons beaucoup de confessions. Il y a précisément 18 confessions, dont les plus importantes : les maronites, les grecs orthodoxes, les grecs catholiques, les sunnites, les chiites et les druzes.
Ha l tâwayif moumassalé té2riban kélla bé l dawlé : 50% la l masihiyyé, w 50% la l éslém. Hayda l nizam ésmo l nizâm l tâ2ifé. W héké, ra2is l joumhouriyyé w kâ2id l jéch masihiyyé, w ra2is majlis l wouzara w ra2is majlis l nouwwéb éslém. Nôss l wouzara wou l nouwwéb masihiyyé, wou l nôss l téné éslém.	Ces confessions sont presque toutes représentées dans l'État : 50% pour les chrétiens et 50% pour les musulmans. Ce régime s'appelle le régime confessionnel. Ainsi, le président de la République et le chef de l'armée sont chrétiens, et le Premier ministre et le chef de l'Assemblée sont musulmans. La moitié des ministres et des députés sont chrétiens, et la seconde moitié, musulmans.

Kéll l lébnéniyyé ma byhébbo ha l nizâm l tâ2ifé w byé3tébrou mas2oul 3an l haréb. Ménchén héké, fi 3alam bytâlbo bé l 3almané.	Tous les Libanais n'aiment pas ce régime confessionnel et le considèrent comme responsable de la guerre. C'est pour cela qu'il y a des gens qui réclament la laïcité.
L éslém bysâllo khamés marrat bé l nhar, w byrouho 3a l jémi3 nhar l jém3a ta yésma3o l khôtbé.	Les musulmans prient cinq fois par jour, et vont à la mosquée le vendredi pour écouter le prêche.
L masihiyyé byrouho 3a l knisé nhar él ahad ta yéchtérko bé l 2éddés. Bass fi ménnoun byrouho kéll yom.	Les chrétiens vont à l'église le dimanche pour assister à la messe. Mais il y en a parmi eux qui y vont tous les jours.
L masihiyyé wou l éslém bé Lébnén 3éndoun ktir échya mouchtaraké. Méch bass tnaynétoun bysâllo, w bysoumo, w byé3bado Allah, hénné kamén 3éndoun sa2afé lébnéniyyé w 3arabiyyé mouchtaraké. Ya3né ktir mhém 3éndoun : l diyafé, wou l karam, wou l charaf.	Les chrétiens et les musulmans au Liban ont beaucoup de choses communes. Non seulement tous les deux prient, jeûnent et adorent Dieu, ils ont aussi une culture libanaise et arabe commune. C'est-à-dire que sont très importants pour eux : l'hospitalité, la générosité et l'honneur.
L cha3éb l lébnéné éjmélan cha3éb byhébb l hayét.	Le peuple libanais est en général un peuple qui aime la vie.

4. Exercices

- Conjuguer quelques verbes au choix dans la liste.
- Relever tous les verbes ou les formes verbales du texte et indiquer leur temps ou leur mode.
- Rédiger quelques lignes relatives au thème.

Table des matières

LANGUES ÉTRANGÈRES AUX ÉDITIONS L'HARMATTAN

Dernières parutions

PARLONS GAÉLIQUE
Écosse - île de Man
Patrick Le Besco
Le gaélique fut pendant de nombreuses années la langue majoritaire en Écosse, au moins dans les Hautes-Terres. La colonisation progressive de l'Écosse par les Anglais provoqua son déclin. Le parlement écossais s'est engagé depuis 2005 dans diverses actions en faveur du gaélique (scolarité, médias, publications diverses etc.). Une part importante du livre est également consacrée au gaélique de l'île de Man, langue peu prestigieuse du groupe celtique mais dont l'histoire est passionnante à bien des égards. Dans ce livre sont exposés le fonctionnement de la phonologie ainsi que les règles orthographiques et grammaticales fondamentales. On y trouvera un exposé sur la littérature gaélique, des textes traduits, ainsi que quelques outils d'apprentissage et d'utilisation pratique.
(Coll. Parlons, 350 p., 35 euros)
ISBN : 978-2-343-08632-3, EAN EBOOK : 9782140115684

PARLONS BALTI
Au pays du K2 - Pakistan
Karim Khan Saka
Préface de Brigitte et Michel Grelaud
La langue balti est considérée comme l'ancienne forme de la langue tibétaine. Selon un sondage, le balti est parlé aujourd'hui par 770 000 personnes. En dehors du Tibet, on l'emploie dans trois provinces de la Chine (Xinjiang, Sichuan et Yunnan), au Bhoutan, au Népal et en Inde (Sikkim, Poraig, Ladakh). Au Baltistan, dans le nord du Pakistan, cette langue est parlée par une population de 400 000 personnes.
(Coll. Parlons, 166 p., 18 euros)
ISBN : 978-2-343-16962-0, EAN EBOOK : 9782140114960

VOCABULAIRE THÉMATIQUE FANG-FRANÇAIS
Cyriaque Simon-Pierre Akomo-Zoghe
Cet ouvrage est un manuel didactique de la langue fang. Il vient enrichir la bibliographie ayant trait à l'apprentissage de cette langue d'Afrique Centrale. Il aborde les différents domaines de la vie quotidienne à travers un lexique technique adapté aux usages courants. Les lecteurs y trouveront matière à pouvoir redécouvrir la langue fang dans sa beauté et sa richesse lexicographiques. Ce manuel a donc été conçu dans un style simple, facile à manier et à la portée de tous les locuteurs.
(Coll. Harmattan Gabon, 206 p., 21 euros)
ISBN : 978-2-343-15902-7, EAN EBOOK : 9782140112751

LE FONGBÈ DE A À Z

L'abécédaire de la lague fon du Bénin

Guide de conversation - Cahier d'exercices

Cossi Boniface Gnanguenon

Cet ouvrage comble nombre d'attentes en matière d'apprentissage des langues, car l'auteur met en oeuvre une démarche pédagogique aisée du pas-à-pas. Chaque lettre de l'alphabet constitue une leçon en soi. Elle est accompagnée de mots courants expliqués dans des styles simples dont l'apprenant peut s'inspirer pour écrire ses propres phrases. Diverses thématiques de la vie courante y sont traitées : le marché, la santé, le corps humain, la musique, le voyage et les transports. Chaque thématique apporte le vocabulaire spécifique et pratique, même pour des touristes en quête d'expressions « toutes faites ».

(116 p., 30 euros)

ISBN : 978-2-343-13618-9, EAN EBOOK : 9782140108334

EXERCICES CORRIGÉS DU FONGBÈ DE A À Z

L'abécédaire de la langue fon du Bénin

Guide pratique de conversation

Cossi Boniface Gnanguenon

Ce livre d'exercices corrigés est un complément indispensable à l'ouvrage de base : LE FONGBE DE A À Z. L'objectif de l'auteur, en proposant ces deux livres, est d'aider l'apprenant à s'approprier la langue fon, en apprenant à son rythme et en adoptant une démarche pédagogique aisée de pas-à-pas.

(234 p., 20 euros)

ISBN : 978-2-343-15524-1, EAN EBOOK : 9782140108587

TRADUIRE À PLUSIEURS

Collaborative Translation

Sous la direction d'Enrico Monti et Peter Schnyder

Voici un ouvrage qui tente de faire le point - fût-il provisoire - sur l'épineux problème des traductions à plusieurs. Les contributeurs nous en offrent une épistémologie dudit traduire. De nombreux spécialistes se penchent - en français et en anglais - sur de multiples questions relatives à la tradition littéraire (poésie, théâtre, roman et nouvelle, et certains aspects de la Bible). D'aucuns examinent la traduction spécialisée. D'autres traitent du problème complexe des nouvelles technologies et de l'impact que celles-ci ont sur les modalités du traduire.

Editions Orizons (Coll. Universités, 482 p., 39,5 euros)

ISBN : 979-10-309-0155-9, EAN EBOOK : 9791030904130

LES DIFFICULTÉS DE L'ANGLAIS :

Mieux comprendre les mots composés en anglais

Avec les noms, les adjectifs et les adverbes

Christian Banakas

Dans cet ouvrage, les mots composés en anglais ont été organisés à partir du temps, des couleurs, des nombres, des formes, de la dimension, de la vitesse, du corps humain auxquels ils se rattachent, et représentent ainsi des réseaux symboliques très riches qui permettent de mieux comprendre la culture à laquelle ils font écho. L'ensemble des mots est regroupé selon une logique mnémotechnique qui permettra au lecteur de les intégrer plus facilement dans son discours.

(Coll. Kubaba, 186 p., 19,5 euros)

ISBN : 978-2-343-14212-8, EAN EBOOK : 9782140082658

PARLONS BÉÉMBÉ

Afrique Centrale

Jean-Alexis Mfoutou

Outre l'organisation sociopolitique en pays béémbé (nord de l'Angola, nord-ouest de la République démocratique du Congo et dans le département de la Bouenza en République du Congo) et une partie grammaticale de la langue et des thématiques de vocabulaire, le livre présente des proverbes et se clôt par un lexique. Cet ouvrage est idéal pour s'informer, mais aussi apprendre et parler cette langue grâce à l'étude linguistique et culturelle du vaste peuple béémbé présentée ici par l'auteur.

(238 p., 23,5 euros)

ISBN : 978-2-343-13412-3, EAN EBOOK : 9782140060007

PARLONS JAVANAIS

Langues, dialogues, lexiques

Eric Sukanda, Antonius Suprijanto, Viviane Sukanda-Tessier

Ce livre présente les moyens de connaître le javanais, importante langue régionale d'Indonésie. Après une présentation du Java d'aujourd'hui, il présente des éléments de grammaire et de conversation pour se finir par un lexique. Java a toujours fait rêver : son climat, ses mers, ses volcans altiers, ses religions etc. Mais Java mérite aussi d'être connue pour sa langue, qui a si peu inspiré les chercheurs français, en dehors de l'abbé Favre, au XIXe siècle, et Louis-Charles Damais, au XXe siècle.

(412 p., 38,5 euros)

ISBN : 978-2-343-06582-3, EAN EBOOK : 9782140019715

FONCTIONS SYNTAXIQUES EN ARABE ET EN FRANÇAIS, PREUVE DE L'UNITÉ DES LANGUES ?

Ezzedine Bouhlel

A première vue, tout sépare l'arabe et le français. Nous avons d'une part une langue sémitique flexionnelle à l'alphabet phénicien, à l'écriture monocamérale, s'écrivant de droite à gauche, et de l'autre une langue indo-européenne, à caractères latins, non flexionnelle (du moins systématiquement), s'écrivant de gauche à droite. En dépit de ces divergences, de nombreuses similitudes sont à signaler entre l'arabe et le français, tant morphologiques, sémantiques que syntaxiques. L'auteur se focalise ici sur la place des fonctions syntaxiques dans ces deux langues.

(248 p., 26 euros)

ISBN : 978-2-343-10005-0, EAN EBOOK : 9782140018251

ANALYSES EN GRAMMAIRE FRANÇAISE

Pour une approche rénovée dans l'enseignement en Afrique

Aimé Adopo Achi

Préface de François Adopo Assi

L'auteur rappelle quelques méthodes et principes d'analyse en grammaire pour expliquer certaines vérités grammaticales et montre ainsi comment s'approprier ces méthodes et ces principes d'analyse pour identifier correctement les mots, groupes de mots et propositions, ainsi que leurs fonctions dans la phrase. Il remet par ailleurs en question certaines analyses grammaticales traditionnelles devenues des "vérités éternelles" et fait des propositions novatrices.

(Coll. Harmattan Côte-d'Ivoire, 218 p., 22,5 euros)

ISBN : 978-2-343-07813-7, EAN EBOOK : 9782140015175

PROPOSITIONS POUR L'ENSEIGNEMENT DU SUBJONCTIF AUX ADULTES ARABOPHONES

Natalia Youssef

En apprenant le mode subjonctif, les adultes arabophones éprouvent des difficultés dues à deux phénomènes : la généralisation des règles et les interférences de la langue maternelle (l'arabe). A cet effet, une nouvelle méthodologie de l'enseignement du mode subjonctif du français basée sur la théorie du temps et de l'aspect de Gosselin a été proposée. Cet ouvrage est destiné à tous les chercheurs et enseignants en linguistique générale, FLE et grammaire, ainsi qu'en langue et grammaire arabes.

(422 p., 39 euros)

ISBN : 978-2-343-04688-4, EAN EBOOK : 9782140008085

PARLONS TCHÈQUE

Antoine Marès, Dagmar Hobzova-Monod

Située en Europe centrale, la République tchèque est un État issu de la Tchécoslovaquie après la division entre les pays tchèques et la Slovaquie en 1993. Le tchèque est la langue officielle de la République tchèque. L'ouvrage Parlons tchèque s'adresse à tous ceux qui souhaitent se familiariser avec les bases de la grammaire, de la pratique de la langue tchèque, et de son vocabulaire. Il contient également une présentation historique et une introduction à la culture.

(Coll. Parlons, 390 p., 37,5 euros)

ISBN : 978-2-343-06926-5, EAN EBOOK : 9782140001154

ELÉMENTS DE SYNTAXE APPLIQUÉS AU BOULOU

Approche minimaliste

Albert Ze Ebanga

Ce livre est destiné à toute personne qui s'intéresse à l'étude des langues en général. Albert Ze Ebanga aborde ce domaine par une approche minimaliste des éléments de syntaxe appliqués à une langue en particulier, le boulou. Le boulou est une langue bantoue du Cameroun proche du fang, qui est parlée au Gabon et en Guinée équatoriale.

Les Impliqués (Coll. Les Impliqués, 236 p., 23,5 euros)

ISBN : 978-2-343-04306-7, EAN EBOOK : 9782336362021

Structures éditoriales du groupe L'Harmattan

L'Harmattan Italie
Via degli Artisti, 15
10124 Torino
harmattan.italia@gmail.com

L'Harmattan Hongrie
Kossuth l. u. 14-16.
1053 Budapest
harmattan@harmattan.hu

L'Harmattan Sénégal
10 VDN en face Mermoz
BP 45034 Dakar-Fann
senharmattan@gmail.com

L'Harmattan Cameroun
TSINGA/FECAFOOT
BP 11486 Yaoundé
inkoukam@gmail.com

L'Harmattan Burkina Faso
Achille Somé – tengnule@hotmail.fr

L'Harmattan Guinée
Almamya, rue KA 028 OKB Agency
BP 3470 Conakry
harmattanguinee@yahoo.fr

L'Harmattan RDC
185, avenue Nyangwe
Commune de Lingwala – Kinshasa
matangilamusadila@yahoo.fr

L'Harmattan Congo
67, boulevard Denis-Sassou-N'Guesso
BP 2874 Brazzaville
harmattan.congo@yahoo.fr

L'Harmattan Mali
Sirakoro-Meguetana V31
Bamako
syllaka@yahoo.fr

L'Harmattan Togo
Djidjole – Lomé
Maison Amela
face EPP BATOME
ddamela@aol.com

L'Harmattan Côte d'Ivoire
Résidence Karl – Cité des Arts
Abidjan-Cocody
03 BP 1588 Abidjan
espace_harmattan.ci@hotmail.fr

L'Harmattan Algérie
22, rue Moulay-Mohamed
31000 Oran
info2@harmattan-algerie.com

L'Harmattan Maroc
5, rue Ferrane-Kouicha, Talaâ-Elkbira
Chrableyine, Fès-Médine
30000 Fès
harmattan.maroc@gmail.com

Nos librairies en France

Librairie internationale
16, rue des Écoles – 75005 Paris
librairie.internationale@harmattan.fr
01 40 46 79 11
www.librairieharmattan.com

Lib. sciences humaines & histoire
21, rue des Écoles – 75005 Paris
librairie.sh@harmattan.fr
01 46 34 13 71
www.librairieharmattansh.com

Librairie l'Espace Harmattan
21 bis, rue des Écoles – 75005 Paris
librairie.espace@harmattan.fr
01 43 29 49 42

Lib. Méditerranée & Moyen-Orient
7, rue des Carmes – 75005 Paris
librairie.mediterranee@harmattan.fr
01 43 29 71 15

Librairie Le Lucernaire
53, rue Notre-Dame-des-Champs – 75006 Paris
librairie@lucernaire.fr
01 42 22 67 13

www.ingramcontent.com/pod-product-compliance
Lightning Source LLC
LaVergne TN
LVHW010432230826
846092LV00009BA/1132

* 9 7 8 2 3 4 3 1 8 4 6 0 9 *